Filhos inquietos

DR. CHRISTOPHER GREEN
e DRA. KIT CHEE

2015, Editora Fundamento Educacional Ltda.

Editor e edição de texto: Editora Fundamento
Editoração eletrônica: Willian Bill
CTP e Impressão: Fotolaser Gráfica e Editora Ltda.
Tradução: Carlos Antonio Gagliardi
Revisão técnica: Marco Fábio Prata Lima

Copyright de texto © 2004 Dr Christopher Green
Copyright da capa e das ilustrações © 1999, 2004 Roger Roberts
Design da capa por Darian Causby / Highway 51 Design Works
Publicado originalmente por Random House Australia Pty Ltd, Sidney, Austrália.
Esta edição foi publicada em acordo com Random House Australia Pty Ltd através da RDC Agencia Literaria S.L.

Todos os direitos reservados. Nenhuma parte deste livro pode ser arquivada, reproduzida ou transmitida em qualquer forma ou por qualquer meio, seja eletrônico ou mecânico, incluindo fotocópia e gravação de backup, sem permissão escrita do proprietário dos direitos.

Dados Internacionais de Catalogação na Publicação (CIP)
(Maria Isabel Schiavon Kinasz)

G795	Green, Christopher Filhos inquietos / Christopher Green , Kit Chee ; [versão brasileira da editora] – 1. ed. – São Paulo, SP : Editora Fundamento Educacional Ltda., 2015. Título original: The pocket guide to understanding ADHD 1. Distúrbio da falta de atenção com hiperatividade. 2. Crianças. I. Chee, Kit. II. Título. CDD 618.928589 (22 ed.) CDU 618.89-008.47

Índices para catálogo sistemático:
1. Distúrbio da falta de atenção com hiperatividade
2. Crianças

Fundação Biblioteca Nacional

Depósito legal na Biblioteca Nacional, conforme Decreto nº 1.825, de dezembro de 1907.
Todos os direitos reservados no Brasil por Editora Fundamento Educacional Ltda.

Impresso no Brasil

Telefone: (41) 3015 9700
E-mail: info@editorafundamento.com.br
Site: www.editorafundamento.com.br

Este livro foi impresso em papel pólen soft 80 g/m² e a capa em papel-cartão 250 g/m².

Filhos inquietos

**DR. CHRISTOPHER GREEN
e DRA. KIT CHEE**

SUMÁRIO

Sobre os autores	7
Introdução	9
1 TDA/H – Os fatos	11
2 TDA/H – Uma antiga condição redescoberta	18
3 TDA/H – A causa	22
4 Os comportamentos que incomodam os pais	28
5 TDA/H – Um problema dividido em quatro	43
6 Condições associadas	50
7 Cuidados dos pais e o TDA/H	57
8 TDA/H – Realizando o diagnóstico	65
9 O estresse para pais e irmãos	75
10 Os principais conselhos para um comportamento melhor	84
11 Resolvendo os principais problemas comportamentais	94
12 Melhorando o desempenho escolar	103
13 Medicação: os fatos	112
14 Prescrição prática	122
15 Encorajando a autoestima	127
16 Adultos portadores do TDA/H	131

SOBRE OS AUTORES

O dr. Christopher Green é pediatra e consultor honorário do Hospital Infantil Westmead, em Sydney, Austrália. Nos últimos 15 anos, ele vem se destacando por suas atitudes modernas em relação ao tratamento do TDA/H na Austrália, na Nova Zelândia e no Reino Unido.

A dra. Kit Y Chee é pediatra em Sydney e consultora honorária do Hospital Infantil Westmead. Ela é doutora em desordens de escrita, aprendizado e linguagem em crianças portadoras do TDA/H.

INTRODUÇÃO

O Transtorno de Deficiência de Atenção/Hiperatividade (TDA/H) é uma pequena, mas demonstrável diferença na função cerebral, que induz uma criança inteligente a ter um baixo desempenho acadêmico e um mau comportamento, apesar da grande aptidão que os pais possam ter. Este guia prático de introdução ao TDA/H coloca todos os fatos à disposição dos pais. Discutimos os principais comportamentos associados com o TDA/H: uma criança que não sabe quando controlar o comportamento, esforçando-se muito e recebendo pouco em retorno, sendo conhecida por todos e não apreciada por ninguém, e, talvez o mais importante, fazendo com que pais competentes pareçam inadequados.

Evoluímos muito na compreensão dessa difícil condição. O perigo para os pais e profissionais hoje em dia é de se perderem em incertezas, ao invés de se concentrarem no que conhecemos de fato e utilizarem essas informações para ajudar nossos filhos. Se os cuidados sobre o TDA/H fossem fáceis, este livro não seria necessário.

A meta de *Filhos inquietos* é torná-lo um tema fácil de ser entendido.

Um

TDA/H – OS FATOS

CLASSE DE 2004

Filhos inquietos

Com tanto interesse atualmente sobre o TDA/H, você poderá pensar que estamos no meio de uma epidemia. Na realidade, o TDA/H não está ocorrendo com mais frequência que no passado, nós é que estamos nos tornando mais hábeis no reconhecimento de uma condição real que era mal diagnosticada ou não diagnosticada. O TDA/H mescla vários comportamentos: atenção, hiperatividade, aprendizado inadequado; a lista é extensa. Este capítulo aborda diretamente os fatos sobre o TDA/H.

TDA/H é uma condição real que afeta que afeta entre 2-5% de todas as crianças.

O TDA/H é uma condição biológica, localizada no cérebro infantil, que é causada por uma pequena alteração na sintonia do cérebro normal (uma leve disfunção cerebral).

FILHOS INQUIETOS

- A disfunção do TDA/H parece ser decorrente de um desequilíbrio dos neurotransmissores cerebrais, noradrenalina e dopamina. Esse desequilíbrio é encontrado principalmente nas áreas do cérebro responsáveis pelo automonitoramento e pela noção de limites.

- O TDA/H apresenta-se em duas formas: em um mau comportamento automonitorado, impulsivo (conhecido como comportamento hiperativo impulsivo), e em problemas de atenção, memória de curta duração, desorganização e aprendizado (problemas de deficiência de aprendizado/atenção). A criança poderá apresentar apenas uma dessas formas, mas a maioria das crianças portadoras do TDA/H apresenta uma miscelânea delas.

- Esses problemas comportamentais e de aprendizado não são exclusivos do TDA/H; ocorrem em todos nós, mas em uma extensão bem menor.

Uma criança portadora do TDA/H está fora do padrão das demais crianças no mesmo nível de desenvolvimento e mesmo padrão social dos pais.

- O TDA/H e uma condição predominantemente hereditária: a maioria das crianças com o transtorno tem um parente próximo (geralmente do sexo masculino) que é afetado, em diferentes graus, pelo mesmo problema. A Desordem de Desenvolvimento de Leitura (dislexia), que está geralmente associada ao TDA/H, também é uma condição predominantemente hereditária.

- O TDA/H é geralmente um problema de "garotos": os meninos são seis vezes mais encaminhados ao médico que as meninas. No entanto, é provável que a taxa real na população seja de 3:1. Muitas garotas ficam sem diagnóstico, porque, por natureza, as meninas tendem a ser menos dispersas e também a sofrer mais em silêncio do que os meninos. Elas podem não ser encaminhadas para clínicas por mau comportamento, mas podem ser reprovadas na escola.

- O TDA/H é uma condição de longo prazo que afeta o aprendizado e o comportamento exatamente na idade escolar. Entre 60-70% dessas crianças levarão alguns dos sinais e sintomas do TDA/H para a idade adulta.

- Algumas crianças em idade pré-escolar são incorretamente rotuladas de "hiperativas".

- De fato, elas não têm outros problemas a não ser a "agitação" normal e a falta de bom senso próprios dessa faixa etária.

- A maioria dos pais suspeita pela primeira vez que seu filho não se enquadra no padrão de normalidade quando a criança tem entre dois anos e meio e três anos. No entanto, a vida descontraída e sem exigências dessas crianças em idade pré-escolar indica que a maioria deles evoluirá bem até o primeiro ou segundo ano da escola.

Filhos inquietos

- Os professores de crianças portadoras do TDA/H nos contam que, na escola: "Essa criança é distraída, dispersa e precisa de supervisão para obter sucesso." Os professores ficam confusos quando uma criança inteligente passa a ter mau comportamento e diminuição do intelecto.

- Os problemas observados durante o recreio são comuns, pois as crianças interpretam mal as regras sociais, são agressivas e vão além do normal quando provocadas. Esses fatos afetam profundamente sua autoestima.

A alimentação não é mais vista como parte importante do TDA/H. Às vezes, os professores descrevem as crianças portadoras da condição como "conhecidas por todos e queridas por ninguém".

- Crianças portadoras do TDA/H não se comportam mal porque querem se comportar mal; os fatos simplesmente acontecem, e logo após elas se sentem sinceramente arrependidas.

- Cerca de metade das crianças que tem o TDA/H também apresenta problemas de dificuldades de aprendizagem específicas (DAEs), como, por exemplo, dislexia, desordem de linguagem ou dificuldades em matemática. Essas condições não são causados pelo TDA/H, mas associam-se ou se apresentam como comorbidades. O tratamento do TDA/H não trata a DEA, mas torna as crianças mais receptivas aos tratamentos.

- Na escola, as duas características do TDA/H (comportamento impulsivo hiperativo e problemas de dificuldades de aprendizado/atenção) apresentam se em distintas formas. Os comportamentos hiperativo impulsivo e de fraco automonitoramento resultam em crianças fazendo trabalhos apressados, um lento relaxamento após um intervalo, situações nas quais batem frequentemente as mãos de forma agitada, gritando em sala

> **No TDA/H, é a criança com dificuldades que faz com que os pais bons e competentes pareçam inadequados.**

de aula e não revisando trabalhos antes de serem entregues. A deficiência de atenção afeta a organização, a audição, a atenção e a memória de curto prazo da criança, bem como o início das aulas na escola e realização de tarefas escolares.

- O controle impulsivo deficiente torna a criança portadora do TDA/H propensa a acidentes tanto físicos como verbais. Ela geralmente tropeça, cai, age de maneira tola e "troca os pés pelas mãos".

- Crianças portadoras do TDA/H incomodam e reclamam de manhã à noite, e essa pressão incessante gera uma grande tensão.

- A maioria das crianças portadoras do TDA/H apresenta uma maturidade social e emocional de crianças com dois terços de sua idade. Falta de compreensão emocional, independência e bom senso são as reclamações mais frequentes.

- O tratamento do TDA/H envolve conselhos comportamentais, apoio na escola e a utilização de medicações estimulantes.

- As crianças portadoras do TDA/H agem antes de pensar e não se satisfazem com recompensas. Isso torna as técnicas comportamentais, que funcionam tão bem em outras crianças, muito menos eficazes quando utilizadas em crianças portadoras do transtorno.

- A medicação estimulante é eficaz no tratamento do TDA/H. Seus benefícios no tratamento desse transtorno são conhecidos há mais de cinquenta anos. Mais recentemente, um grande estudo multicêntrico americano, concluído em 1999, observou os benefícios de várias combinações de tratamentos medicamentosos, educacionais e psicológicos contra o TDA/H. Os resultados sugerem que iniciar o tratamento sem medicamentos torna grande parte das outras técnicas e relativamente ineficazes.

> A medicação somente é prescrita após adequada orientação e obtenção de um consentimento informado dos pais. Os pais são os responsáveis, não os médicos.

- A medicação estimulante é geralmente mal vista, mas é, sem dúvida, a única forma de terapia eficaz disponível para tratamento contra o TDA/H.

- Os estimulantes metilfenidato (Ritalina) e dexanfetamina têm si do utilizados por mais de quarenta anos. Quando este livro foi lançado, havia mais de 170 experimentos controlados que confirmavam os benefícios e a segurança desse tipo de medicamento.

- Os estimulantes não causam vícios. A medicação traz a criança dispersa para a realidade, e a realidade não vicia.

- Remédios naturais são geralmente classificados com sendo mais seguros que os estimulantes e igualmente eficazes no tratamento da criança portadora do TDA/H. Eles não foram submetidos aos mesmos testes e inspeções de segurança exigidos para medicamentos convencionais.

- Simplesmente porque um medicamento vem de plantas não quer dizer que ele seja seguro: ópio, cogumelos alucinógenos e tabaco também são substâncias naturais.

- Em caso de dúvidas sobre os benefícios ou efeitos colaterais, os pais deverão interromper o tratamento e conversar com o médico que a receitou.

- Como qualquer tratamento médico, os benefícios deverão ser contrapostos aos possíveis riscos. Os críticos de medicação citam os efeitos colaterais das letras minúsculas, mas se esquecem dos riscos da falta de tratamento. Todo ano, crianças impulsivas, portadoras do TDA/H, são feridas ou mortas em acidentes que poderiam ser evitados.

- Incontáveis famílias de crianças sem tratamento entram em conflito com a criança, deixando potencialmente irrecuperáveis esses relacionamentos abalados.
- A criança portadora do TDA/H não é deliberadamente difícil, ela apenas age antes de pensar. Os pais que obtêm sucesso no tratamento dessa condição permitem concessões, mas ainda assim asseguram-se que as crianças portadoras do TDA/H saibam que são responsáveis por seus próprios atos. O TDA/H é uma explicação, não uma desculpa.

Dois

TDA/H – UMA ANTIGA CONDIÇÃO REDESCOBERTA

TDA/H – UMA ANTIGA CONDIÇÃO REDESCOBERTA

O TDA/H tem sido destaque na imprensa leiga, mas não é uma condição nova. O TDA/H foi descrito inicialmente em 1902. Algumas das pessoas de maior influência de todos os tempos tiveram algo em comum: eles canalizaram as características do TDA/H e impulsos de pensamento único para alcançar grandeza.

Durante os últimos cem anos, o TDA/H foi inicialmente definido como um conjunto de comportamentos biologicamente inatos de prognóstico reservado.. Mais tarde, os especialistas acreditaram que o TDA/H era causado por danos cerebrais; depois, o foco foi dirigido à hiperatividade. Então, a alimentação pareceu ser uma questão importante em uma condição que se acreditava estar resolvida antes da criança chegar ao ensino médio. A definição atual descreve uma miscelânea de comportamentos internos em que a desatenção é o ponto central, e a impulsividade e o excesso de atividades são comuns. Os problemas são de longo prazo e os sintomas geralmente continuam até a fase adulta. A medicação agora é aceita como uma parte importante da terapia.

Alguns famosos portadores do TDA/H incluem Winston Churchill e Albert Einstein.

Nós temos trabalhado muito, mas o TDA/H permanece uma condição complexa e altamente inconstante, sem uma definição precisa. O perigo para os pais atualmente é perder-se em incertezas, ao invés de se focar naquilo que conhecemos sobre os fatos, utilizando essas informções para ajudar nossas crianças.

100 ANOS DO TDA/H

1902: Descrição clara dos comportamentos do TDA/H.

Filhos inquietos

Anos 1930: Acreditava-se que os comportamentos do TDA/H eram causados por danos cerebrais.

1937: Primeiros usos de medicação estimulante.

Anos 1950-1960: Acreditava-se que o TDA/H fosse uma disfunção cerebral ("disfunção cerebral mínima"). Psiquiatras infantis consideravam o TDA/H como um problema ambiental herdado dos pais (para alguns, essa crença continuaria até os anos 90).

1957: Foi introduzido o metilfenidato (Ritalina).

1960-70: A teoria da "Síndrome da criança hiperativa" torna-se popular. A ritalina é amplamente utilizada e são publicados muitos trabalhos científicos sobre estimulantes.

1970-75: Alegações imprecisas da mídia levantam preocupações sobre a medicação. A dieta de Feingold torna-se popular.

1975-80: A medicação reconquista uma popularidade considerável.

1980: A Associação de Psiquiatria Americana (APA) utiliza o termo "desordem do déficit da atenção".

1987: A APA utiliza o termo "transtorno do déficit de atenção/hiperatividade". Uma campanha anti-medicação confunde pais e profissionais.

1990: A tomografia por emissão de pósitron (PET Scan) mostra uma diferença significativa na função cerebral de crianças com o TDA/H quando comparadas àquelas sem a condição.

1994: A APA redefine o termo "transtorno do déficit de atenção/hiperatividade"

1997: O TDA/H passa a ser visto como uma interação de quatro fatores: atenção e aprendizagem; comportamentos mal controlados, impulsivos; presença ou ausência de comorbidades; hostilidade no ambiente da criança.

2004: Evidências convergentes provenientes da genética molecular, pesquisas sobre os neurotransmissores, escaneamento do cérebro, EEGs, e pesquisas em várias culturas confirmam a veracidade do TDA/H.

Três

TDA/H – A causa

Os pesquisadores ainda discordam sobre a etiologia precisa do TDA/H, mas duas coisas são conhecidas: primeiro, que é uma condição hereditária, e segundo, que os problemas do TDA/H resultam de uma alteração sutil na sintonia fina do cérebro.

Acredita-se também que o comportamento dos pais possa contribuir em certo grau. E, por fim, é possível que o TDA/H seja parte do espectro normal de temperamentos.

> O TDA/H definitivamente NÃO é causado por alimentação ou maus cuidados dos pais.

A maioria dos debates atuais gira em torno da condição ser uma disfunção das áreas cerebrais que controlam os comportamentos insensatos: os lóbulos frontais e suas conexões próximas, os gânglios da base e as conexões cerebelares. Parece existir também um desequilíbrio anormal na transmissão química de mensagens no cérebro, os neurotransmissores.

HEREDITARIEDADE: OS GENES E O TDA/H

Quando observamos cuidadosamente as famílias, vemos que a maioria das crianças portadoras do TDA/H tem um familiar próximo com um problema semelhante. Geralmente, observamos um pai que achava seus anos de escola difíceis, ou que não ia bem academicamente, apesar de sua capacidade e seu potencial. Alguns desses adultos se deram bem na vida, mas ainda continuam inquietos, distraídos e com um "pavio muito curto".

Há fortes evidências científicas dessa influência genética. Gêmeos idênticos possuem o mesmo material genético. Se um gêmeo sofrer do TDA/H, as pesquisas mostram que há uma chance de quase 90% de que o outro também seja afetado.

Gêmeos não idênticos não têm aumento de risco. Eles têm o mesmo risco de desenvolver TDA/H que um irmão ou irmã de qualquer criança portadora da condição; o risco entre irmãos varia entre 30-40%. Esses índices são altos quando comparados com o risco normal do TDA/H de 2-5% verificado na população geral. A criança portadora do TDA/H cujos pais também têm a condição, além de dislexia geralmente herda os dois problemas.

> O fato de uma criança na família herdar o TDA/H e outra não depende de quais genes elas receberam de seus pais.

A ALTERAÇÃO CEREBRAL

Neste mundo barulhento, grande parte das mensagens que não são importantes entram em nossos cérebros e são desprezadas sem nunca ganhar atenção do "gerenciamento cerebral intermediário". As informações importantes são examinadas por áreas especializadas do cérebro que interagem para dar uma resposta coordenada adequada. Por fim, a região que gerencia superiormente essas informações (o lóbulo frontal) dá uma olhada geral nas decisões do gerente intermediário, aprovando ou desaprovando com base na conveniência, prioridades, implicações futuras e seus efeitos. No cérebro da criança portadora do TDA/H, no entanto, as informações parecem entrar rapidamente sem muita seleção, o que deixa a tela mental um pouco distorcida. A informação é integrada, mas a ação é geralmente tomada antes que o diretor aprove essa decisão.

CUIDADOS DOS PAIS E O TDA/H

As crianças portadoras do TDA/H geralmente comportam-se mal e causam estresse a seus pais. Os métodos normais de disciplina não funcionam tão bem para essas crianças, e após alguns anos de fracassos, a maioria dos pais volta atrás e procura um caminho mais pacífico. Então, alguns especialistas com falta de visão atribuem o comportamento da criança a uma má conduta dos pais. É importante que o profissional entenda que o comportamento da criança afeta o estilo da disciplina, bem como a disciplina dos pais afeta o estilo do comportamento.

PROBLEMAS REAIS DE CRIAÇÃO

Onde houver um grande caos familiar, qualquer criança será afetada, não importando se ela é portadora do TDA/H ou não. As estatísticas mostram que crianças portadoras do TDA/H têm uma maior chance de virem de um lar perturbado. Por outro lado, seria mais fácil considerar esses problemas familiares como a única causa do comportamento difícil, mas as coisas não são sempre como parecem ser. Todos nós sabemos que os principais problemas no lar provavelmente ocorrem se um pai for intolerante, impulsivo, com estilo temperamental e socialmente inepto. Esses problemas de personalidade transformam uma criança em um adulto de difícil de convivência, mas podem ser também sintomas de um TDA/H residual. É aí que a confusão realmente começa. Se um pai for portador do TDA/H, a criança está correndo risco de herdar a mesma condição. Se essa criança for mais difícil geneticamente, então, criada em um lar inconsistente, volátil e cheio de estresse, o comportamento voará pelos ares.

> O que veio primeiro, a galinha ou o ovo? Genes e o meio ambiente podem ser os responsáveis.

TDA/H: NORMAL, NÃO PATOLÓGICO

Pesquisas no final dos anos 1950 mostram que cada criança nasce com um estilo temperamental individual. Será que o TDA/H é apenas parte de um espectro de um temperamento normal? Os comportamentos do TDA/H poderiam ter sido úteis no passado. Até tempos recentes, ler, escrever e ficar sentado em uma sala de aula teria sido irrelevante para a maioria das crianças, e o TDA/H poderia não ter sido observado.

Voltando ainda mais para o passado, o TDA/H poderia ter sido vantagem nos tempos das cavernas, quando a sobrevivência era mais importante. Enquanto cozinhavam coelhos em uma fogueira, nossos

Filhos inquietos

ancestrais portadores do TDA/H seriam facilmente distraídos pelo simples quebrar de um galho ou ruídos no mato. Se o perigo aparecesse, eles agiriam por reflexo; por outro lado, os nossos ancestrais que estivessem profundamente concentrados no que estavam fazendo, prestariam atenção no coelho e seriam varridos da superfície da Terra antes de saber o que estava acontecendo. Possivelmente esses povos impulsivos e ativos eram os super-homens de seus dias, enquanto que aqueles que são hoje os bem comportados e bem sucedidos na escola seriam os debilitados. Sabemos que Winston Churchill não se saía bem na escola, mas sua imensa energia e sua mente sempre alerta, provenientes do seu TDA/H, mudaram o curso da História. O TDA/H não é resultado de um cérebro danificado, mas é provavelmente o limite de um amplo espectro de normalidade. No passado, poderia ter sido um atributo, mas hoje as demandas da escola e da sociedade transformaram-no em um problema.

> Comportamentos ativos, impulsivos podem ter sido uma vantagem para nossos ancestrais.

RESUMO DO TDA/H

1. A condição hereditária

- Quando um dos pais e a criança são portadores do TDA/H, é por causa da transmissão de genes compartilhados.
- Geralmente, um pai ou parente próximo tem o TDA/H.
- Se um pai for portador do TDA/H e SLD, a criança frequentemente herderá as duas condições.
- Em estudos com gêmeos idênticos, quando um era portador do TDA/H, havia 90% de chance de o outro também ser.

- Irmãos têm 30-40% de risco de desenvolver o TDA/H.

2. Um problema de sintonia do cérebro

- Crianças impulsivas portadoras do TDA/H apresentam uma disfunção no lóbulo frontal: elas não conseguem controlar o comportamento.

- As crianças que simplesmente são desatentas (sem ou comportamento impulsivo, ativo) apresentam os mesmos problemas no lóbulo frontal, mas possuem também uma lenta velocidade de processamento: "engrenagem lenta."

3. Cuidados dos pais e o TDA/H

- Cuidados insatisfatórios dos pais não causam o TDA/H, mas podem piorar o comportamento.

- Crianças difíceis fazem parecer inadequada a disciplina dos pais.

- Disfunções familiares maiores podem ocorrer com o TDA/H: parte do problema pode estar nos genes, e outra parte, no ambiente.

4. Talvez estejamos enganados

- Poderia ser apenas um aspecto do temperamento.

- Poderia ser o resultado da pressão dos dias atuais *versus* milhares de anos atrás.

Quatro

Os comportamentos que incomodam os pais

A intenção deste capítulo é pintar um quadro colorido sobre como as crianças portadoras do TDA/H são vistas por seus pais e professores. Uma vez reconhecidas as sombras que criam essa desordem, vá para o capítulo 5 e veja como elas se adaptam na concepção do TDA/H.

Os comportamentos que causam preocupações são: desatenção, impulsividade, excesso de atividades, insaciabilidade, falta de conduta social, problemas de coordenação, desorganização, variabilidade, auto estima baixa e dificuldade de aprendizado específica (DAE).

DESATENÇÃO

A criança desatenta perde rapidamente o foco de sua atenção; ela se torna entediada, distraída e pode ir de tarefa em tarefa sem concluir nenhuma. Os trabalhos escolares levam muito tempo para serem feitos, ou nunca são terminados. Os professores ficam intrigados; a criança faz tanta coisa quando é observada e tão pouco quando fica sozinha. Esse déficit varia de dia para dia: alguns dias essas crianças estão "ligadas", e, no outro estão "em outro planeta". Esse comportamento também se altera de uma situação para outra. Algumas das crianças mais desatentas das quais cuidamos podem deixar seus colegas espantados ao concentrarem-se em um vídeo game, e essa variabilidade da desatenção pode não ser notada por observadores inexperientes.

Algumas crianças portadoras do TDA/H parecem concentrar-se no novo e interessante ambiente do consultório do especialista; outras crianças igualmente desatentas obtêm resultados satisfatórios quando testes são realizados quando está sozinha com o psicólogo, mas fracassam quando retornam para a sala de aula movimentada em meio a 30 alunos.

Desatenção nas ordens verbais e uma fraca memória recente são problemas especiais. Os pais pedem às crianças para buscar duas coisas; elas reaparecem um minuto mais tarde, perguntando:

Filhos inquietos

"Qual era a outra coisa?" Há um subgrupo interessante de crianças desatentas que são totalmente desatentas aos próprios pensamentos. Essas crianças parecem ficar com a cabeça nas nuvens quando seus professores começam a falar; seus pensamentos estão a milhões de quilômetros de distância e, enquanto ficam sentadas serenamente na sala de aula, não incomodam ninguém, mas não estão aprendendo. Elas se tornam os "quietos inatingíveis".

> Einstein era provavelmente um quieto inatingível: um fracasso escolar inteligente que estava mais interessado em descobrir a teoria da relatividade do que ouvir seus professores.

Adultos com TDA/H residual geralmente relatam suas dificuldades em se concentrar durante uma palestra. Outros enfrentam suas dificuldades de memórias recente, fazendo coisas imediatamente ou tomando nota. A maioria desses adultos e crianças desatentos têm dificuldades com contas aritméticas mentais ou em lembrar uma sequência de números. É difícil comunicar-se com uma criança desatenta, e medicações estimulantes podem ajudar nesse problema. Um de nossos pacientes disse uma vez: "Na escola, quando não tomo meus comprimidos, muitas pessoas ficam conversando; quando eu tomo, eu ouço apenas o professor."

O QUE DIZEM OS PAIS

"O que eu falo para ele entra em um ouvido e sai pelo outro. Será que poderíamos testar sua audição?"

"Ele não faz o dever de casa, a não ser se ficarmos insistindo com ele."

"Ele fica impossível de manhã, entra no quarto para se aprontar para a escola, mas, meia hora depois, está com uma meia no pé e olhando pela janela."

> "Ele consegue lembrar-se de detalhes sobre o que aconteceu no ano passado, mas esquece o que eu disse dois minutos atrás."

A DESATENÇÃO NÃO SIGNIFICA SEMPRE O TDA/H

Quando qualquer um de nós acha o trabalho muito difícil, rapidamente perdemos a concentração. Isso é denominado desatenção secundária e é encontrado em crianças que têm problemas de linguagem, leitura, escrita ou matemática. A criança desliga-se quando sua mente está sobrecarregada, mas a atenção total retorna quando o estresse é suspenso.

Crianças que são intelectualmente deficientes geralmente parecem desatentas, mas a amplitude da atenção é apropriada para sua fase de desenvolvimento. Outras crianças vagueiam quando suas mentes estão preocupadas por algum motivo, mas isso vai e vem segundo os acontecimentos emocionais e não está associado com outros comportamentos do TDA/H. Há, naturalmente, ocasiões em que o estresse emocional, dificuldade de aprendizado específica e deficiência intelectual podem coexistir com o TDA/H.

IMPULSIVIDADE

Crianças portadoras do TDA/H não procuram por problemas, elas apenas agem sem nenhum conhecimento das consequências. Essas crianças têm plena consciência do que é certo e errado, mas isso não é registrado até um milissegundo após suas reações, e aí já é tarde.

Um controle impulsivo deficiente é o comportamento que coloca a maioria das crianças em apuros, e os pais não conseguem entender como alguém tão inteligente pode comportar-se tão tolamente. Nenhum raciocínio pode ajudar a situação; as crianças ficam geralmente transtornadas com o que fizeram, mas agirão sem pensar da mesma forma na próxima vez.

Filhos inquietos

Quando alguém provoca uma criança comum, ela geralmente verifica se o professor está olhando antes de chutar alguém em retaliação; a criança portadora do TDA/H age por reflexo, é pega no ato e é taxada de agressiva.

Muitas crianças portadoras do TDA/H estão propensas a acidentes; elas atravessam as ruas e andam de bicicleta sem olhar para a frente ou para os lados. Crianças impulsivas interrompem e falam sobre o assunto das outras, elas se frustram facilmente e ficam extremamente impacientes. A maioria tem um "pavio curto" e explode facilmente.

Na escola, elas dão respostas obscuras antes mesmo da pergunta ter sido finalizada, e as instruções são ouvidas pela metade antes de uma resposta; os trabalhos escolares são feitos às pressas e com muitos erros por descuido.

No pátio da escola, essas crianças são facilmente enganadas. Algumas têm um comportamento tão deficiente que passam a maior parte do recreio sentadas do lado de fora da sala do diretor. Essas crianças não são agressivas, mas seus comportamentos saem fora de controle e elas não pensam muito sobre as consequências de suas ações; muitas crianças são suspensas da escola após uma histeria não controlada.

Essas crianças com "pavio curto" e histéricas são difíceis de ser disciplinadas, pois suas reações são baseadas em um reflexo impensado. Elas aprendem lentamente na prática e causam muitas aflições em seus pais, professores e a si mesmas ao longo do caminho.

O QUE DIZEM OS PAIS

"Parece que ele não aprende nunca."

"Ela tem oito anos, mas ainda nos interrompe como uma criancinha."

EXCESSO DE ATIVIDADES

Historicamente, o comportamento de hiperatividade tem sido a principal característica do TDA/H. Em nossa opinião a hiperatividade avaliada isoladamente é um problema menor, mas quando a hiperatividade e a impulsividade se unem, essa combinação de "pavio curto" torna-se uma bomba em potencial.

Alguns desses incansáveis jovens eram extraordinariamente ativos mesmo antes de nascer. Um número significativo tinha cólicas e demandava muita atenção na infância. Uma proporção surpreendente era bem normal ou até mesmo excepcionalmente boa enquanto bebês. Presumidamente estavam se poupando! Para a maioria dos pais, a mudança apareceu quando as crianças começaram a andar; aí, então, passaram a desmontar a casa e a mexer em tudo.

A maioria é agitada na pré-escola, e não se acalma mesmo quando alguém conta histórias. Quando as aulas se iniciam, a hiperatividade torna-se mais sutil; há um aumento geral dos movimentos corporais, que pioram com o decorrer do dia. Essas crianças são inquietas, e têm dificuldade em permanecerem sentadas; aquelas que parecem estar sentadas, aparentemente quietas, estão na verdade mexendo com as pernas, batendo com os dedos ou brincando com qualquer coisa que possam tocar. Essa inquietude é descrita como "hiperatividade de quadril"; esses alunos podem não sair de seus lugares, mas seus dedos e quadris estão certamente bem ativos.

Quando as crianças agitadas chegam ao pátio para o recreio, parecem animais que são soltos do cativeiro, quando retornam à sala de aula, muitos acham difícil acalmar-se; em casa, caminham de um lado para o outro, tocam em coisas, abrem e fecham a porta do refrigerador. A hiperatividade tende a diminuir nos primeiros anos escolares e é muito menor quando essas crianças atingem a adolescência. Alguns permanecem tão acelerados e furiosos também na idade adulta.

Filhos inquietos

O QUE DIZEM OS PAIS

"Ele era hiperativo mesmo antes de nascer."
"Essa criança está constantemente correndo."
"Quando visitamos alguém, ele tem que tocar em tudo."
"Ele já é um adolescente, mas há dias em que age como um animal enjaulado."
"Sua avó diz que eu era igual quando criança."

INSACIABILIDADE

Essas crianças se intrometem, exigem, perguntam e não sabem quando parar. Tal insaciabilidade é provavelmente o comportamento mais irritante para os pais. Uma vez que um pensamento entra em suas cabeças, essas crianças vão bem além de onde uma criança comum teria parado há muito tempo.

Falta um minuto para o jantar:
– Posso comer uma fatia de pão?
– Não, seu jantar já está quase pronto.
– Posso comer um biscoito?
– Não!
– Posso comer uma banana?

Logo os pais ficam desejando uma camisa-de-força.

Elas discutem, irritam, conversam abobrinhas até que mesmo os mais calmos dos pais quase infartam. A insaciabilidade é o comportamento que mais causa estresse. Quando termina um fim de semana familiar, a família se sente como se tivesse malhado 48 horas ininterruptas.

Quando os medicamentos estimulantes são eficazes, a maioria dos pais diz espontaneamente que a vida caseira tornou-se mais calma. O que eles querem dizer, na verdade, é que a tensão diminuiu.

O QUE DIZEM OS PAIS

"Por que não consigo pôr um freio nisso?"

"Nada que eu faço o agrada; tudo o que ele consegue é pouco."

"Nós nunca dizemos para ele quando vamos viajar. Se disséssemos, ele iria perguntar: 'nós vamos na quarta-feira? Como chegaremos até lá? Vamos mesmo na quarta-feira? Nós vamos de carro? É na quarta-feira que vamos?'"

"Tento ficar calmo, mas à medida que ele continua, sinto um aperto no peito, meu pescoço fica tenso e fico pensando se já é o começo de um ataque cardíaco."

FALTA DE CONDUTA SOCIAL

Apesar de crianças portadoras do TDA/H serem sensíveis e carinhosas, muitas são socialmente desligadas. Elas querem ser populares entre os colegas, mas de alguma forma não sabem como conseguir isso. Interpretam mal a conduta social aceitável, dizendo ou fazendo coisas inapropriadas, agem grosseiramente no grupo, o que faz seus amigos se afastarem e pensarem: "Que tipo de doido é esse?" No pátio da escola, querem participar da brincadeira principal, mas, ao invés de deixarem as coisas seguir seu curso normal, elas incomodam, cutucam, intrometem-se e perturbam. Quanto mais tentam ser amigas, mais ficam isoladas.

Essas crianças se dão melhor em um pequeno grupo ou com um bom amigo. Mesmo assim, ainda podem ter problemas, sendo mandões e sempre querendo ser o "dono do pedaço". Os amigos que chegam para brincar vão logo embora, xingando.

Os problemas sociais atingem o auge na escola primária e eles começam a diminuir no ensino médio. Na adolescência, contudo, quaisquer inseguranças residuais aumentam as incertezas sociais comuns vistas nessa idade. Quando os adultos levam consigo os

Filhos inquietos

vestígios do TDA/H para a a maturidade, é geralmente essa inabilidade social que causa o maior desconforto.

O QUE DIZEM OS PAIS

"Outras crianças parecem não entendê-lo."
"Ele se sente muito magoado quando seus colegas se afastam, embora ele se culpe."
"Ela diz que não tem nenhuma amiga."
"Antes dos medicamentos, ele era o único da sala que nunca tinha sido convidado para festas de aniversário; este ano, já foi a sete!"
"Às vezes, ela fica bem neurótica. As coisas mais inocentes que as pessoas fazem são interpretadas como tentativas deliberadas para atingi-la."

DIFICULDADE DE COORDENAÇÃO MOTORA

Os problemas de coordenação aparecem em movimentos refinados, como colorir, escrever, manipular objetos, amarrar os sapatos, etc. Eles aparecem também em tarefas motoras gerais, como correr, escalar, pegar uma bola, andar de bicicleta, etc.

A maioria das crianças portadoras do TDA/H têm dificuldades com as tarefas motoras refinadas, especialmente a escrita: quanto mais elas escrevem, maior a falta de capricho e rabiscos. Os pais e professores geralmente se desesperam com a qualidade do trabalho manual, tornando-se tão obcecados com a escrita que deixam de observar o conteúdo.

Algumas crianças portadoras do TDA/H são verdadeiramente desajeitadas, mas a grande maioria parece ser desajeitada devido à sua deficiência no controle da impulsividade. Essas crianças parecem um touro em uma loja de porcelana, trombando, tropeçando e derramando coisas por onde passam. Seus joelhos e cotovelos são cheios de cicatrizes e suas pernas apresentam ferimentos.

Muitas crianças portadoras do TDA/H têm problemas de coordenação menos óbvios; elas têm dificuldades em coordenar uma sequência de movimentos ou fazer duas coisas ao mesmo tempo. Na piscina, batem os pés e as mãos, mas não conseguem respirar com ritmo; nas aulas de dança adoram a música, mas quando se trata dos passos formais, ficam perdidas. Os cadarços dos sapatos são abandonados em favor do Velcro.

Quando as crianças têm dificuldades em jogar ou pegar a bola, elas se sentem indesejadas nas atividades normais no recreio da escola. No entanto, com um bom terapeuta ocupacional, elas podem melhorar seus desempenhos no pátio. Muitas crianças portadora do TDA/H, contudo, são ótimas no esporte, e esse talento dá um imenso impulso em sua autoestima.

Alguns adultos portadores do TDA/H são atletas excepcionais. Um dos maiores jogadores de rugby australiano teve recentemente problemas por causa de crises impulsivas quando estava em campo. Um amigo, falando sobre o atleta, disse: "Ele é um cara maravilhoso, mas é como um grande aeroporto internacional com uma torre de controle muito pequena."

O QUE DIZEM OS PAIS

"Ele é tão desengonçado que é sempre o último a ser escolhido para qualquer jogo."

"Eu sei que você vai falar que a coordenação motora dela é normal, mas ela não se movimenta como as outras crianças."

"Futebol não dá certo, ele esquece o que é pra fazer e acaba entregando o jogo."

"Se houvesse uma pequena pedra no playground, ela iria tropeçar."

Filhos inquietos

DESORGANIZAÇÃO

Muitas crianças portadoras do TDA/H são altamente desorganizadas. Você poderá notar isso em seu modo de vestir: as roupas estão do avesso, de frente para trás e bagunçadas, enquanto os cadarços estão só meio amarrados. As mãos sujas são passadas nos cabelos e nas roupas, e os dedos não param, parecendo agir sem as instruções do cérebro.

As mensagens enviadas pela escola nunca chegam em casa; as crianças esquecem a mochila escolar no ônibus; as roupas de banho são geralmente encontradas dias depois, na piscina; não trazem os livros para fazer os deveres de casa. Muitas crianças não percebem o rastro de bagunça que fica atrás delas.

No início do ensino médio, as crianças portadoras do TDA/H são geralmente menos desordeiras, mas a desorganização ainda é um problema. Quando realizam projetos, ficam inquietas, adiam o projeto e acham difícil começar as coisas; durante as provas, gastam metade do tempo em uma questão e não terminam as restantes. Muitos adultos portadores do TDA/H reconhecem essa vulnerabilidade e se protegem, vivendo uma vida rotineira restrita e quase obsessiva.

Quando uma criança portadora do TDA/H é desorganizada desde o nascimento, a desordem melhorará com a idade, e é importante que os pais não fiquem muito preocupados com isso. Quando a mãe é obcecada por organização e tem um filho completamente desorganizado, poderá haver um grande conflito. Brigar não leva a nada, já que não é a quantidade de admoestação que vai mudar o comportamento dessa criança em curto prazo.

O QUE DIZEM OS PAIS

"Se eu lhe peço para colocar a camisa para dentro da calça, ele enfia a mão e a camisa entra, mas, quando retira a mão, metade da camisa vem com ela."

> "Tudo o que ele toca fica pegajoso."
>
> "Quando vai fazer o dever de casa, ela pega os livros, tira um lápis, aponta-o, coloca de volta, tira outro, e não consegue começar."
>
> "Ele é tão desorganizado, é o tipo de criança que conseguiria comer uma barra de chocolate e escovar os dentes ao mesmo tempo!"

VARIABILIDADE

Todas as crianças e todos os adultos têm dias bons e dias ruins, mas as pessoas portadoras do TDA/H experimentam uma grande variação em seu desempenho e humor. Essas diferenças dramáticas confundem os pais, que se perguntam se o filho sofre de dupla personalidade ou, mesmo, se é esquizofrênico.

Os pais tentam se desculpar pelos dias ruins, culpando o estresse, a noite mal dormida ou uma alimentação diferenciada, mas mesmo quando esses elementos são cuidadosamente controlados, as oscilações comportamentais permanecerão. A causa é desconhecida, mas elas certamente não são intencionais.

Os professores estão particularmente cientes dessa variação. Em um dia normal, eles ficam admirados com a quantidade de trabalho que pode ser alcançado; nos dias ruins, dizem que era preferível que a criança ficasse em casa. Os professores têm de aceitar que essas oscilações ocorrerão e recompensar o dia favorável ocasional, e os dias ruins deverão ser aceitos como parte do TDA/H, ao invés de sinal de preguiça.

O QUE DIZEM OS PAIS

> "Em alguns dias ela é tão fácil de conviver; em outros, ela não sabe o que está acontecendo."

Filhos inquietos

> "Os trabalhos escolares são geralmente uma luta, mas há dias em que ele os termina em dez minutos."
>
> "Nos dias mais agitados, a professora manda-o ajudar na biblioteca. Ela percebe que ele não está aprendendo nada na sala."
>
> "Suas emoções estão em ebulição. Em um minuto, ele está imensamente irritante; no outro, fica deprimido à menor reprimenda."

BAIXA AUTOESTIMA

Pode parecer um paradoxo, mas a maioria das crianças portadoras do TDA/H são excepcionalmente sensíveis, e é por isso que, ao observar suas atidudes, é importante lembrar que, por trás da agitação e dos exageros, há uma criança sensível e suave.

A autoestima é geralmente baixa em crianças portadoras do TDA/H, o que não surpreende, uma vez que experimentam tantos fracassos. Elas se empenham muito nos trabalhos escolares, mas, mesmo assim conseguem um resultado abaixo do esperado. Desejam ser populares, mas são tratadas como perturbadores. Algumas têm um bom resultado em atividades esportivas e de recreação, enquanto outras são expulsas do grupo por serem muito desajeitadas para jogar com os colegas.

Essa combinação de sensibilidade, vulnerabilidade e estima inadequada nos portadores do TDA/H deve ser levada a sério. Por volta dos 20 anos, todos os seus problemas escolares já terão sido resolvidos, mas qualquer debilidade contínua em socialização e autoestima terá implicações para o resto de suas vidas.

O QUE DIZEM OS PAIS

> "Ele diz que é burro."
>
> "Ela me disse que não tem nenhuma amiga."

> "Ele diz que é feio."
> "Ela agora desiste sem tentar."
> "Ele acha mais fácil ficar com crianças que têm problemas ou com crianças mais jovens."

DIFICULDADE DE APRENDIZADO ESPECÍFICA (DAE)

Mais da metade das crianças portadoras do TDA/H terá uma significativa deficiência na área acadêmica. Essa deficiência poderá ser na leitura, escrita, linguagem, ortografia, matemática ou uma combinação de todas essas habilidades. Tais problemas de aprendizado e linguagem são frequentemente associados com o TDA/H, mas é importante individualizá-los. É muito duro na escola quando a criança não consegue se concentrar, organizar seu trabalho e fixar-se em uma tarefa, e é mais difícil ainda quando há problemas não reconhecidos sobre aprendizado e linguagem.

O QUE DIZEM OS PAIS

> "Ele tem muita dificuldade na ortografia."
> "Ela tem uma leitura muito lenta."
> "Ele não entende matemática."
> "Suas palavras são tão emboladas e, na maioria das vezes, não fazem sentidos."

QUANDO O COMPORTAMENTO É NORMAL? QUANDO É TDA/H?

Como você já viu os comportamentos mencionados neste capítulo, podemos ouvi-lo dizer: "Mas eles estão presentes em muitas crianças e adultos normais." É verdade, *não há nenhum grau de diferença entre uma criança normal com um temperamento ativo e uma criança com um leve TDA/H.*

Filhos inquietos

O diagnóstico diferencial será feito observando qual comportamento predomina, sua magnitude e como está sendo trabalhado. Ninguém estabelecerá um programa comportamental ou receitará medicamentos desnecessário. Tratamos somente aqueles cujos comportamentos e aprendizado estejam causando problemas a si mesmos e aos que os estimam. A diferença entre o comportamento incômodo do TDA/H e o temperamento agitado normal é o problema causado por esse comportamento.

> Lembre-se:
> "Um problema só se torna um problema quando causa um problema."

O próximo capítulo mostra como os problemas de atenção, comportamento, dificuldade de aprendizado, rebeldia e elementos do ambiente da criança interagem.

Cinco

TDA/H – Um problema dividido em quatro

Filhos inquietos

Quando um grupo de pais discute sobre seus filhos portadores do TDA/H, qualquer curioso notará que não há dois casos iguais. Algumas dessas crianças são surpreendentemente ativas, curiosas e impulsivas, algumas são desatenciosas e sonhadoras, enquanto o comportamento de outras é hostil e desafiador. Muitas são disléxicas, algumas têm problemas de linguagem e a maioria é deficiente na escola; ocasionalmente, uma criança mais velha envolve-se em atividades criminosas.

O que esses pais estão vendo é uma miscelânea de quatro características, e duas delas se encaixam corretamente no diagnóstico do TDA/H: comportamentos hiperativos-impulsivos e problemas de dificuldade de aprendizado/deficiência de atenção.

As duas primeiras características: o verdadeiro TDA/H (este capítulo)

Em nossa prática, observamos outras duas características do TDA/H, que não são *causadas* pelo TDA/H, mas é provável que estejam presentes no TDA/H: a terceira característica do TDA/H é um grupo de problemas associados (denominados condições comórbidas), por exemplo, dislexia, transtorno desafiador opositivo (TDO), e desordem de conduta (DC). Elas não são causadas pelo TDA/H, mas ocorrem em mais da metade dos casos.

E justamente quando você pensava que estava entendendo o que está acontecendo, a quarta característica do TDA/H, o padrão de apoio no ambiente da criança, cria mais problemas. Mais uma vez, ela não é causada pelo TDA/H, mas poderá trazer mais confusão ao

TDA/H: AS QUATRO PARTES

- **1:** Comportamentos hiperativos impulsivos (fazem trabalhos apressadamente, dificuldade em se acalmar, esquecimentos).

- **2:** Problemas de dificuldade de aprendizado/deficiência de atenção (pouca organização, lentidão para iniciar tarefas, distração, problemas com a memória recente).

Observação: A maioria das crianças portadoras do TDA/H têm uma mistura de ambas características em vários graus, apesar de algumas terem uma característica isolada (por exemplo, desatenção).

A terceira característica: condições comórbidas (capítulo 6)

- Mais da metade dos portadores do TDA/H tem uma condição associada (comórbida).
- Essas condições incluem dificuldades de aprendizado específicas, transtorno desafiador opositivo, desordem de conduta, coordenação deficiente, depressão, ansiedade, transtorno compulsivo obsessivo e transtorno bipolar.

A quarta característica: o ambiente de apoio da criança (capítulo 7)

- Pais que dão apoio *versus* pais hostis, críticos.
- Educação que dá apoio *versus* educação não compreensiva.
- Uma grande família estável *versus* isolamento e rejeição.

problema para os pais e a criança.

Vamos falar somente sobre as primeiras duas primeiras características do TDA/H neste capítulo.

O VERDADEIRO TDA/H

Trinta anos atrás, o TDA/H, ou a hiperatividade, como era conhecido antes, caracterizava-se apenas pela presença de comportamentos inquietos, ativos, mas. Hoje em dia, porém, sabemos que a

Filhos inquietos

hiperatividade por si mesma não é um problema.

Atualmente, o TDA/H caracteriza-se pela presença de um comportamento hiperativo-impulsivo e por problemas de deficiência de aprendizado. A maioria das crianças portadoras do TDA/H apresenta algum grau de dificuldade de aprendizado/deficiência de atenção, associado a um comportamento hiperativo-impulsivo (HI). Um número significativo (e provavelmente subestimado) de crianças apresenta apenas déficit de atenção, memória imediata e aprendizado. Uma minoria apresenta apenas comportamentos hiperativos impulsivos.

COMPORTAMENTO HIPERATIVO-IMPULSIVO

As crianças que apresentam comportamento hiperativo impulsivo entram em cada aspecto de nossas vidas; são inquietas, impulsivas, atormentadas e impacientes.

Os pais ficam surpresos com o fato de que seus filhos, aparentemente tão inteligentes, possam fazer coisas tão idiotas: "Fico constantemente preocupado com o que ele está aprontando", "Parece que não aprende com os erros", "Parece que ele não sabe quando parar", "Ele não percebe que está incomodando os outros", "No início, ele é engraçado, mas continua assim até os outros cansarem-se dele."

"Ele não controla seu comportamento."

Esses pais estão falando sobre problemas de autocontrole inadequado. Os comportamentos HI que mais incomodam os pais foram descritos no capítulo 4.

PROBLEMAS DE DIFICULDADE DE APRENDIZADO/ DEFICIÊNCIA DE ATENÇÃO

Todos nós sofremos de um lapso ocasional de atenção e aprendizado, mas o TDA/H faz com que as crianças inteligentes tenham problemas na escola e ao longo da vida. Aqueles que veem a deficiência de atenção simplesmente como uma falta de capacidade de concentração, têm uma visão simplista da situação.

Falta/excesso de concentração

A parte desatenciosa do TDA/H não é simplesmente uma questão de falta de concentração ou dispersão, o problema da desatenção é influenciado por situações específicas. A criança poderá ser desatenta na escola, mas ao ganhar um jogo de computador ou algo que lhe interesse, ela não fará outra coisa. Alguns portadores do TDA/H ficam presos a uma ideia, não conseguem retroceder e ver a situação como um todo. Com essas pessoas, o TDA/H não é somente "falta de atenção", é também "excesso de atenção". Elas se fixam em uma ideia e vão atrás dela além dos limites.

As drogas estimulantes melhoram a habilidade de concentração, desprendimento e reconcentração.

Começar e não parar

A mente com TDA/H é repleta de ideias brilhantes; o problema é colocá-las em ação. As coisas vão geralmente bem nos primeiros anos de educação, mas essa situação muda quando a automotivação, a administração do tempo e a finalização de projetos tornam-se importantes. O desatento adia, perde tempo, trapaceia, e arranja qualquer desculpa para não começar a tarefa. O resultado de seu trabalho é irregular, com grandes momentos de entusiasmo seguidos por momentos de pouca ação.

> Muitos adolescentes e adultos com TDA/H são mais produtivos com a adrenalina do último minuto do prazo.

Um cérebro inquieto, sempre em movimento

O desatento fica entediado, a menos que o trabalho seja novo, variado e supervisionado de perto. Há uma grande dificuldade em manter o esforço quando realiza tarefas rotineiras e monótonas. Alguns adultos e crianças experimentam uma imensa inércia quando seu interesse desaparece. Páginas impressas passam por seus olhos, mas nada fica gravado.

Filhos inquietos

O desatento acha difícil reiniciar após uma interrupção. Não são somente acontecimentos externos que roubam sua concentração; o cérebro inquieto, sempre em movimento, de um portador do TDA/H está constantemente procurando novas áreas para se concentrar.

> Os portadores do TDA/H não precisam de ninguém para distraí-los, eles mesmos se distraem.

Esse cérebro continuamente em rápido movimento fornece ao portador do TDA/H uma imensa habilidade em ser criativo, mas, infelizmente, a falta de controle executivo evita que essa criatividade seja transformada em direitos autorais.

Dispersas e "viajantes"

Algumas crianças com a forma "somente desatenta" do TDA/H são sonhadoras, dispersas e "astronautas". Parece que seus cérebros se movimentam lentamente, mas essas crianças geralmente não são notadas na escola por se comportarem bem e fracassarem em silêncio. Essa forma "sonhadora" do TDA/H torna-se muito pior por sua frequente associação com dificuldades de aprendizado específicas, principalmente a dislexia. Os professores ficam exasperados por tentarem incentivar esses quietos sofredores. Essa forma do TDA/H está atualmente ganhando grande interesse; ela é provavelmente mais comum do que se imagina e pode ser uma frequente causa de fracasso escolar naquela população mais frágil: as meninas.

Retenção e lembrança

Uma das maiores frustrações para alguém com deficiência de atenção é seu efeito na memória recente: você se lembra com ricos detalhes de uma viagem que realizou há dois anos, mas não consegue lembrar-se das instruções que acabou de receber. Os pais não conseguem entender como uma criança inteligente pode se esquecer do que acabou de ser dito.

> "Temos visto esposas marcar testes de audição, pois acreditam que seus maridos portadores do TDA/H devam ser surdos!"

A respeito da leitura, a criança esquece o que estava escrito no início do parágrafo quando chega ao final do mesmo. Memorizar tabelas, fazer trabalhos escolares e aprender listas é um esforço enorme. Quando essas crianças fecham os livros à noite, as informações ainda estão na cabeça, mas desaparecem na manhã seguinte, antes da prova.

Não adianta ficar irritado por causa da memória de um portador do TDA/H: "o que se ganha fácil perde-se fácil." Isso não é frustrante somente para os pais e professores, mas também para o próprio portador do transtorno.

> As crianças portadoras do TDA/H esforçam-se tanto e recebem tão pouco em troca.

Agora que aprendemos os diferentes componentes que formam o TDA/H, vamos introduzir mais dois fatores para a equação: as condições associadas, ou co-morbidades (capítulo 6), e o ambiente de apoio (capítulo 7).

Seis

Condições associadas

Vimos que a condição que denominamos de TDA/H é composta por problemas de dificuldade de aprendizado/deficiência de atenção e comportamento hiperativo-impulsivo em graus e gravidades variados. A presença do TDA/H aumenta e muito a coexistência de condições associadas ou comórbidas. Entre elas, podem ser incluídas a dificuldade de aprendizado específica (DAE), o transtorno desafiador opositivo (TDO), a desordem de conduta (DC), a depressão, tiques, a síndrome de Tourette e problemas de coordenação. O TDA/H não *causa* o comportamento de oposição, dislexia ou os tiques, é mais provável que eles coexistam.

Como tais problemas associados ocorrem em mais da metade nos portadores da condição, isso significa que muito do que é chamado do TDA/H é, na verdade, uma condição comórbida. É importante reconhecer essas associações comuns, pois são necessários tratamentos diferentes para cada problema.

COMORBIDADE E IGNORÂNCIA PROFISSIONAL

Ao longo dos anos, a compreensão do TDA/H foi sendo obstruída por profissionais que entenderam o transtorno com visão limitada. Eles acreditavam que, se uma criança era portadora de transtorno desafiador opositivo, o diagnóstico do TDA/H era excluído, portanto, o tratamento com estimulantes era antiético. Quando havia diagnóstico de dislexia, a condição era tratada com leituras terapêuticas, sem reconhecer os problemas de atenção e comportamento. Os problemas de coordenação eram geralmente tratados com ideias antiquadas, com terapia de integração sensório-motora. Os problemas associados de comportamento e deficiência escolar não eram nem levados em consideração.

O tratamento correto para a criança não tem de ser uma ou outra técnica. Duas ou mais condições poderão coexistir e cada uma deverá ser considerada com a mesma seriedade.

DIFICULDADES DE APRENDIZADO ESPECÍFICAS

Aproximadamente 50% das crianças portadoras do TDA/H também apresentam alguma dificuldade de aprendizado específica. Se a criança for diagnosticada com uma dificuldade de aprendizado específica, significa que há uma grande discrepância entre a inteligência testada e o desempenho em áreas específicas; as discrepâncias mais frequentes estão na leitura, na ortografia, na escrita, na linguagem e na matemática.

O TDA/H de uma criança não causa as deficiências de aprendizado, apesar de sua presença tornar as medicações menos eficientes. O tratamento de um TDA/H com medicamentos não afeta diretamente os problemas de aprendizado, mas os medicamentos podem ajudar a criança a sentar-se, acalmar-se, concentrar-se e ficar acessível ao aprendizado.

Os pais estão geralmente despreparados para o lento e doloroso progresso do tratamento da criança portadora de uma dislexia ou desordem de linguagem. É tentador ir atrás de tratamentos caros e alternativos a fim de apressar as coisas.

No final das contas, a maioria das crianças com grandes problemas de leitura realmente melhoram, mas permanecem fracos leitores com dificuldades em soletrar, não importando o quanto os pais se esforcem ao longo do caminho. Sabemos que o TDA/H é uma condição altamente hereditária, como também grande parte das deficiências específicas de aprendizado. Muitas das crianças com grandes problemas de leitura têm um parente próximo que lê e escreve mal. Os pais cujas crianças sofrem de desordens de linguagem geralmente dizem que não há histórico familiar, mas quando tentamos aprofundar o que eles nos disseram, logo parece que um deles tem problemas de linguagem.

TRANSTORNO DESAFIADOR OPOSITIVO

O transtorno desafiador opositivo é uma comorbidade das mais comuns: estima-se que 40% das crianças portadoras do TDA/H também são portadoras desse transtorno. Crianças portadoras do TDA/H podem ser impulsivas e desatentas, mas, após o acontecimento da doença, elas se sentem sinceramente arrependidas. Esse não é o caso de crianças portadoras de transtorno desafiador opositivo, que podem sentir-se indignadas e totalmente justificadas pelas ações que realizaram.

É difícil saber onde o comportamento opositivo começa. As crianças muito pequenas são negativas, mas desafios patológicos são incomuns antes da idade pré-escolar. O espectro do transtorno varia de uma leve atitude de oposição a um constante estado hostil de desafio.

A criança portadora do transtorno desafiador opositivo em sua forma hostil traz a condição estampada em seu rosto e já parece saudar o mundo com um gesto grosseiro. Uma criança poderá ser portadora desse transtorno sem ter o TDA/H, mas quando os dois se mesclam, essa associação de comportamento de desafio explosivo e impensado cria uma combinação volátil.

> As crianças portadoras de TDO tendem a dizer "não", em princípio. Elas esperam até que seus pais demarquem os limites, para que possam ultrapassá-los.

A origem do transtorno parece ser principalmente biológica, mas a incidência e a gravidade do problema são fortemente afetadas pelos pais. Os pais que forçam, confrontam e são hostis em seus relacionamentos aumentam o risco e a extensão do transtorno desafiador opositivo em seus filhos.

Não há nenhum tratamento medicamentoso contra o transtorno; o manejo clínico baseia-se em uma lenta abordagem comportamental, mas que se prosseguir até a idade adulta, seu futuro é geralmente promissor. Em casa, as crianças e adolescentes, parecem guardar rancor de seus pais, mas, mais tarde amadurecem, e a maioria se arrepende do caminho que tomou, apesar de que, quando isso acontece, pode ser tarde demais.

TRANSTORNO DE CONDUTA

Este é um comportamento comórbido que nenhum pai gostaria de presenciar. A mídia geralmente diagnostica erroneamente o transtorno de conduta como TDA/H.

Os comportamentos do transtorno de conduta incluem mentir, trapacear, roubar, ameaçar, cometer atos cruéis, violar direitos dos outros, destruir propriedade alheia, incendiar e infligir dores. Deve-se lembrar que a criança desatenta portadora do TDA/H é bem capaz de ocasionais atos antissociais, mas, após o acontecimento, ela entende o que fez e demonstra remorso. Aquelas com um transtorno de conduta moderado ou severo continuam no mesmo caminho e não demonstram nenhum remorso moral.

O transtorno de conduta pode ocorrer isoladamente, sem ter associação com o TDA/H, e seu início é geralmente na adolescência. Quando o transtorno de conduta é associado ao TDA/H, geralmente apresenta-se em idade mais jovem e associado ao transtorno desafiador opositivo antes do aparecimento do transtorno de conduta, entre as idades de sete e dez anos.

Acredita-se que a criança portadora do TDA/H que esteja livre do transtorno de conduta até os 12 anos provavelmente não desenvolverá a condição mais tarde. Isso sugere que há uma janela de oportunidade para se mudar o curso catastrófico do futuro de uma criança. Apesar de muitas crianças portadoras do TDA/H apresentarem também importantes características de transtorno desafiador opositivo, a maioria dessas crianças não progride para transtorno de conduta.

> A incidência de transtorno de conduta na América do Norte é próximo de 20%, mas acreditamos que seja um pouco menor na Austrália e na Nova Zelândia.

Os fatores que aumentam o risco de transtorno de conduta são desavenças matrimoniais, tratamento hostil/crítico dos pais e, provavelmente, um tratamento inicial inadequado para TDA/H.

O tratamento do transtorno de conduta exige a ajuda de um psiquiatra infantil paciente e habilidoso.

DEPRESSÃO

Não é incomum crianças e adultos ficarem deprimidos, sendo eles portadores do TDA/H ou não. A depressão é raramente um problema antes de a criança começar a comparar e competir na escola primária. As crianças portadoras do TDA/H desejam muito comportar-se, aprender e ser aceita pelos outros, como seus colegas, mas elas simplesmente não sabem como fazer isso acontecer. É normal crianças portadoras do TDA/H ficarem desiludidas, mas isso não poderia ser diagnosticado como depressão patológica. A criança deprimida entra em um estado crônico em que fica mal-humorada, preocupada, triste e com vontade de afastar-se. Algumas crianças enfrentam as coisas, enquanto outras demonstram seu estresse tornando-se irritáveis e aborrecidas. O diagnóstico não é fácil de ser feito, mas os pais devem se preocupar quando sentirem em seu filho uma alteração de personalidade, afastamento das atividades normais, dificuldades em concluir a comunicação, um profundo estado de tristeza ou observar um declínio nas atividades escolares. Quando a depressão e o TDA/H coexistem, o tratamento da primeira deve ser priorizado.

TIQUES E SÍNDROME DE TOURETTE

Leves contrações musculares e movimentos involuntários são comuns na população em geral, mas tem uma maior incidência nos portadores do TDA/H. Tiques são contrações musculares leves, geralmente ao redor dos olhos e da face, mas, às vezes, também são vistos o raspar da garganta, o movimento do pescoço ou o encolher de ombros. A forma mais extrema de transtorno de tique, a síndrome de Tourette, envolve raspar a garganta e outros movimentos involuntários, e, ocasionalmente, a emissão de palavras inapropriadas. Os tiques e a síndrome de Tourette são condições comórbidas do TDA/H. A história normal de tiques é de aparecerem primeiro quando a criança tem entre sete e dez anos, e segue um ritmo que vem e vai. Como as primeiras medicações estimulantes são dadas por volta dessa idade, é fácil acreditar erroneamente que as drogas causaram o tique. Aqueles que estudam o transtorno de tique e a síndrome de Tourette afirmam que a presença de tiques raramente causa algum problema significativo no comportamento, no aprendizado e no bem-estar emocional da criança. O mesmo não poderá ser afirmado sobre o TDA/H, que pode causar grandes prejuízos nessas áreas. Quando se diz que uma criança com tique tem dificuldades, é geralmente o TDA/H coexistente e não o tique, que está causando a dificuldade. É muito importante entender isso quando planejamos um tratamento. Os tiques e a síndrome de Tourette não são mais contraindicações ao uso de medicações estimulantes. Se o TDA/H estiver causando grandes problemas, precisará ser tratado.

A CRIANÇA DESAJEITADA

Dificuldades com a coordenação, com a motricidade, os trabalhos escritos e a maturidade neurológica estão comumente associadas ao TDA/H. Quando o TDA/H e um desajeitamento comórbido coexistirem, alguns terapeutas notam somente os problemas motores, denominando-os de "síndrome da criança desajeitada". Suas intenções são boas, mas a criança recebe somente metade da ajuda se os problemas de aprendizado e comportamento forem mal interpretados. A falha na observação da associação entre o TDA/H e essas condições comórbidas continua a ser uma das causas mais frequentes do mau entendimento e de tratamento incorreto. Finalmente, para acrescentar mais confusão, essas condições comórbidas são totalmente influenciadas pelo ambiente familiar e escolar da criança. Parece que as sementes que dão os melhores e piores resultados no TDA/H são semeadas em uma idade muito tenra. As influências dos cuidados dos pais e do ambiente serão discutidas a partir de agora no capítulo sete.

Sete

Cuidados dos pais e o TDA/H

Filhos inquietos

Vinte e cinco anos atrás, a maioria dos psiquiatras australianos e ingleses acreditava que o mau comportamento era resultado do estresse familiar e um fraco desempenho na atuação dos pais. Quando a criança era diagnosticada com TDA/H, toda a culpa era colocada nos pais, sem qualquer menção de biologia, cérebro ou dos benefícios da medicação.

No decorrer dos anos, travou-se uma difícil batalha para alterar esses conceitos desatualizados. Quando este livro estava sendo escrito, todos, exceto um grupo de "dinossauros psicodinâmicos", viram a luz. Pesquisas modernas mostram que o TDA/H é causado por uma alteração na função cerebral que pode ser tratada com sucesso com medicação.

A guerra pode ter sido vencida, mas a vitória foi alcançada com um preço: a fim de fazer os acusadores de pais ouvirem, foi necessário superestimar a importância da biologia e da química cerebral. Agora que os pediatras, pais e psiquiatras estão trabalhando em paz, é hora de olhar o cuidado dos pais de uma forma mais equilibrada. É fato que o TDA/H é acionado pela química cerebral, mas os pais influenciam imensamente o resultado final.

OS PAIS E AS MANEIRAS COMO ESTRAGAMOS NOSSOS FILHOS

Quando uma criança difícil nos é dada, há duas formas de tratá-las: podemos aceitar esse fato, evitar argumentar, apoiar e dar carinho, ou não fazer concessões, criticar e forçá-las cada vez mais.

Exige-se uma imensa paciência para cuidar de uma criança portadora do TDA/H, mas isso beneficia a autoestima e o relacionamento. É muito mais fácil forçar expectativas sobre as crianças, mas a força resulta em ressentimentos, hostilidade e em uma criança indignada com o mundo.

Há uma mensagem que é repetida por todo este livro: *é melhor aceitar e cuidar*. Com o TDA/H, uma alternativa apenas não funciona.

Concentrando-se no fracasso

Os problemas que os adultos enfrentam na vida são tão grandes quanto decidimos que sejam. Os pais que se sentem cansados e derrotados poderão ver seus filhos portadores do TDA/H como sendo 90% desobedientes, difíceis e bobos, tendo apenas 10% de talento e de encanto. Um estranho seria capaz de dar um passo à frente e observar o exato oposto. Quando os pais estão descontentes com suas próprias vidas, sem apoio e ressentidos, geralmente veem seus filhos de um modo bem pior do que realmente são. Se incorretamente acharmos que uma criança é 90% difícil, nossas constantes quedas de expectativas poderão tornar essa percepção uma realidade.

Pais deprimidos

A depressão é comum em muitos pais. Se estiver presente, ela é pior para uma criança portadora do TDA/H, que, por sua vez, é mais difícil com pais deprimidos. A depressão não causa o TDA/H, mas se os pais deprimidos buscarem tratamento, isso garante muitos benefícios à criança, e a toda a família.

Uma mãe ou um pai deprimido pode reagir exageradamente diante problemas pequenos ou pode se afastar totalmente e não reagir a nada. Os cuidados com a criança portadora do TDA/H requerem uma mente com recursos e com pensamentos claros, e essas exigências não estão disponíveis em pais deprimidos.

O primeiro passo é reconhecer esses sentimentos, e o segundo é procurar ajuda. Para a maioria, o tratamento moderno contra depressão é simples e eficaz. O clínico geral é sua porta de entrada.

O TDA/H NOS PAIS

Para o tratamento do TDA/H funcionar, deve haver estrutura, organização, consistência e a existência de pais que pensam

Dois milhões de australianos (mais de 10% da população) ficarão significantemente deprimidos em algum momento de suas vidas.

Filhos inquietos

antes de agir. A má notícia é que o TDA/H é hereditário e, frequentemente, afeta um dos pais.

Se você for um pai portador do TDA/H, é importante dar um passo à frente e observar suas vulnerabilidades. Seja obsessivo com estrutura, rotina e organização, e pense antes de se estressar com seu filho. Não podemos mudar a atitude de nosso parceiro, mas podemos tornar nossos atos mais inteligentes. Consulte o capítulo 16 para algumas sugestões práticas para ajudá-lo a começar.

DEFICIÊNCIA FAMILIAR

A evidência é inegável: o TDA/H e o transtorno de conduta são muito mais comuns quando há desarmonia, deficiência e divisão familiar. Os psiquiatras afirmam que os comportamentos do TDA/H são, na verdade, causados por essas deficiências, mas a realidade é muito mais complexa.

A criança portadora do TDA/H geralmente herda esse transtorno de um dos genitores, e, assim, a presença desse genitor portador do TDA/H aumenta o risco de separação e um ambiente desarmônico. A desarmonia afeta a estabilidade e a consistência familiar, o que poderá, por sua vez, causar tensão no ambiente em que vive a criança. Isso aumenta a gravidade do TDA/H e prejudica a educação da criança.

Um modelo comum entre homens portadores do TDA/H e transtorno de conduta é engravidar, depois abandonar a parceira. A mãe, então, fica presa a uma criança difícil, filha de um homem difícil.

Mas nem toda desarmonia é causada por pais portadores do TDA/H. Na Austrália, na Nova Zelândia e no Reino Unido, quase um terço de todos os relacionamentos serão interrompidos antes de as crianças deixarem a escola, o que deverá levar a grandes disputas familiares, discórdia e infelicidade em nossas casas.

Não há nenhuma cura rápida, mas devemos tentar diminuir o impacto de brigas e disputas dos pais, especialmente com relação àqueles portadores do TDA/H. Sempre que for possível, uma solução amigável para os problemas dos pais será o melhor para a criança; raiva de nossos parceiros poderá nos fazer sentir melhor, mas não é adequado para as crianças.

A VIDA FAMILIAR INSTÁVEL

Os genes do TDA/H realmente predispõem as famílias a um estilo de vida mais instável, inquieto e debilitado. Quando visito as remotas cidades onde há minas na Austrália, vejo muitas mães sozinhas com crianças desafiadoras. Os homens atarefados adoram suas atividades integrais de 24 horas por dia nas minas. As mães comumente perdem os amigos, a família e o apoio dos avós.

Mesmo na cidade grande, as famílias portadoras do TDA/H são mais instáveis, com mudanças frequentes de casa ou escola; isso pode ser uma necessidade da vida, mas as mães e os filhos se dão melhor em locais mais estáveis, onde se pode viver períodos maiores de tempo e, quando possível, com uma família mais unida.

OS PAIS E A FORMA COMO CRIAMOS NOSSOS FILHOS

Não é certo ver os pais como os únicos responsáveis por influenciar a saúde emocional da criança. Muitas outras pessoas têm esse papel: professores, amigos, parentes, colegas de escola, até mesmo o treinador de futebol. Apesar disso, quando é preciso nomear quem é quem, os pais são os maiores responsáveis e têm a maior influência. Aqui estão algumas sugestões para ajudá-los a investir mais em seu filho portador do TDA/H, tornando-o alegre e saudável .

Aceitação e adaptação

O TDA/H é real; está no cérebro da criança e, em curto prazo, o TDA/H não irá embora. Até que esse fato seja aceito e as concessões feitas, você não chegará a lugar algum. Aceitar e adaptar nossas atitudes são os primeiros passos para o sucesso dos pais.

Filhos inquietos

Ajude seu filho a fazer parte do grupo

Assisti recentemente a uma cerimônia de casamento de uma maravilhosa família grega. A noiva tinha um pajem, seu sobrinho de três anos de idade, um misto de energia e travessuras. Na recepção, ele puxou o véu da noiva, escondeu-se debaixo de seu vestido, saiu correndo pelo salão de festas, empurrou as meninas, enfim, pintou o sete.

Mas isso não era problema, pois todos conheciam o John, e se divertiam com seus excessos, garantindo sua segurança e seu apaixonante sorriso exuberante. Esse menino fazia parte do grupo; ele sabia que era amado, aceito e querido por sua família e seus amigos. Essa ideia de fazer parte de uma família ampla ou de um grupo de amigos pode parecer antiquada e tola, mas é de imensa importância para a saúde emocional dos adultos e crianças, especialmente daqueles afetados pelo TDA/H.

A existência de um protetor imparcial

As crianças de um a oito anos de idade são intimamente dependentes de seus pais, mas após essa idade, outros passam também a exercer influências sobre as crianças. Parece que as crianças ficam melhor emocionalmente se são capazes de conversar e confiar em um adulto responsável. Esse adulto pode ser a mãe, o pai, tias, avós, o professor ou um amigo. O que eles querem é alguém que lhes dê apoio e acredite neles.

Um avô mais íntimo pode ser um grande aliado. Eles são menos apressados que os pais e longe da figura disciplinadora cotidiana o bastante para ser um ouvinte imparcial.

Certifique-se de que seu filho reconhece seu lugar

Seria fácil interpretar mal nossa abordagem não confrontadora se permitíssemos que as crianças agissem como quisessem.

Certamente não estamos procurando brigas, mas algumas afirmações e regras claras que devem ser cumpridas são essenciais.

As regras não devem ser criadas no meio de uma disputa. Elas devem ser planejadas em momentos em que os pensamentos estão claros e calmos. Quando acontece uma má conduta, a regra é colocada, as repercussões são delimitadas e depois seguidas calmamente sem debates (consultar o capítulo 10). Todos os seres humanos atingem sua melhor forma emocional quando trabalham com limites claramente definidos, e crianças portadoras do TDA/H não são exceções. Elas precisam saber exatamente quais são seus lugares.

> Um bom avô pode fazer mais para uma criança portadora do TDA/H do que uma convenção cheia de conselheiros.

Lembre-se da palavra mágica: educação

Ao chegar nesta etapa do livro, nossos leitores já estarão saturados com a palavra educação. Ela continua aparecendo por uma boa causa; acreditamos que seja fundamental. A criança portadora do TDA/H pode ser imensamente irritante, mas a maioria é sensível e, no fundo, gostaria de agradar. Quando elas se comportam mal, não precisam ser metralhadas com armamento pesado. As crianças bondosas permanecerão bondosas quando aceitas como são, quando são dados limites realistas, guiando, recompensando, apreciando e amando.

O TDA/H pode ser causado por um desequilíbrio na química cerebral, mas o resultado é fortemente influenciado por nós, os pais. Podemos lutar a ferro e fogo, e elevar a situação a proporções de guerra. Isso pode dar uma aparência superficial de controle, mas a submissão através do medo estraga o relacionamento e priva as crianças de amor. Aceitar, apoiar, guiar, encorajar, recompensar e apreciar pode parecer uma rendição, mas quando seu filho chegar à idade de 18 anos, você verá que estava certo.

Oito

TDA/H – Realizando o diagnóstico

Não existe nenhum teste para o TDA/H que seja simples. Qualquer um que vê o diagnóstico de forma simplista leu livros demais e trabalhou com poucas crianças.

> Se os pais estiverem preocupados com a possibilidade de um diagnóstico do TDA/H, devem discutir primeiro o assunto com o professor da criança para descobrir se o comportamento dela está causando problemas.

Se esse fosse um mundo ideal, toda criança faria vários exames com psicólogos, educadores, terapeutas ocupacionais, fonoaudiólogos e pediatras. Mas o mundo onde vivemos tem recursos tão limitados que somos obrigados a economizar em avaliações e concentrar nossas energias em fornecer um tratamento adequado e apoio de longo prazo.

Os autores deste livro utilizam diferentes métodos para avaliações diagnósticas, baseados em suas pesquisas e experiências clínicas. Quando a dra. Kit Chee avalia, ela utiliza questionários formais, testes objetivos detalhados e observação cuidadosa da história do paciente. O dr. Chris Green confia mais na sutileza da história clínica, na apresentação da criança e nos relatos dos professores. Acreditamos que os pais e as crianças sob nossos cuidados estão igualmente bem servidos com qualquer uma dessas abordagens. É a resposta positiva à nossa intervenção que é importante, em vez do método diagnóstico individual utilizado.

DIAGNÓSTICO – OS QUATRO PASSOS

Para nós, o diagnóstico do TDA/H é composto por quatro simples passos:

1. Observar sinais de alarme.
2. Excluir alterações semelhantes com o TDA/H.
3. Utilizar indicadores objetivos no diagnóstico.

4. Obter uma história detalhada envolvendo as sutilezas do TDA/H.

I. SINAIS DE ALARME

Há dois sinais de alarme principais que vão nos fazer pensar no TDA/H:

A. Dificuldades significativas na escola

A maioria dos pais busca nossa ajuda após a criança ingressar na escola. O professor fica confuso com o fato de a criança parecer inteligente, mas incapaz de bons resultados. Ele marca uma consulta com o psicólogo para avaliar o intelecto geral e excluir as dificuldades de aprendizado específicas. Os resultados mostram um grau de dificuldade que não está relacionado com as habilidades específicas de aprendizado e inteligência. O TDA/H deverá, então, ser considerado.

B. Problemas inesperados de comportamento

Em casa, cada criança da família recebe o mesmo carinho e disciplina, mesmo assim essa criança se destaca, muitas vezes, como mais difícil que as outras. Os pais tentarão tudo para cuidar da criança, devido aos comportamentos relacionados ao TDA/H, mas ela não consegue acompanhar seus irmãos e colegas. Uma vez alertados sobre a possibilidade do TDA/H, é hora de ir para o próximo passo.

2. EXCLUIR SEMELHANÇAS COM O TDA/H

Muitos artigos acadêmicos afirmam que o TDA/H é facilmente confundido com uma longa lista de comportamentos semelhantes. Os mais comumente citados incluem:

O pré-escolar ativo e normal: A quantidade de atividade, senso comum e intensidade do comportamento variam enormemente em crianças em idade pré-escolar. Algumas crianças normalmente ativas são chamadas de hiperativas, mas elas não são portadoras do TDA/H. O problema dessas crianças é o temperamento ativo que entra em conflito com as expectativas às vezes irracionais de seus pais.

Para diagnosticar o TDA/H em crianças em idade pré-escolar, os comportamentos deverão ser inapropriados até mesmo para uma criança normalmente ativa e no mesmo estágio do desenvolvimento. Esse comportamento semelhante pode ser bem difícil de ser distinguido do TDA/H, até mesmo por especialistas. Quando em dúvida, procuramos uma boa pré-escola, oferecemos sugestões de comportamento básico e observamos o que acontece nos próximos meses. Seguramente, o diagnóstico será, mais claro.

Deficiência intelectual: Os pais geralmente confundem a deficiência intelectual de seus filhos com TDA/H. Se você tiver uma criança de cinco anos com o desenvolvimento de uma criança de dois anos e meio, é de se esperar que o comportamento seja ativo, desatento e automático, mas isso não significa que ela tem o TDA/H.

As crianças com esse atraso no desenvolvimento também correm risco de sofrer do TDA/H. Quando essas duas situações coexistem, o comportamento deve estar significativamente sem sintonia ao nível intelectual, caso contrário o diagnóstico não poderá ser considerado. A medicação através de estimulantes deverá ser utilizada em crianças com deficiência intelectual, mas tem menos chance de sucesso.

Crianças com deficiência auditiva: Crianças com grave deficiência auditiva podem apresentar comportamentos atípicos, mas seus comportamentos são mais irresponsáveis e distantes do que os comportamentos das crianças portadoras do TDA/H.

Se houver a menor dúvida sobre a audição de uma criança, ela deverá ser formalmente testada.

Crianças desatentas não ouvem e geralmente são encaminhadas para realizar testes de audição. Normalmente é encontrado algum discreto problema auditivo causado por alterações dos fluidos do ouvido médio. Essa pequena redução na audição não causa o TDA/H, mas torna a vida muito mais difícil para as crianças já desatentas.

Dificuldade de aprendizado específica: Se a criança tiver uma dificuldade de aprendizado específica, tal como dislexia, ela fica frustrada e perde a concentração quando o trabalho torna-se difícil. A desatenção só acontece nessas crianças quando elas têm dificuldades com a leitura, matemática, linguagem ou o que quer que lhes cause estresse. Nos portadores do TDA/H, os comportamentos difíceis e problemas de persistência estão presentes na maioria das vezes. No entanto, como o TDA/H e as dificuldades específicas de aprendizado regularmente coexistem, pode, às vezes, ser difícil separar os comportamentos dessas duas condições.

3. INDICADORES PARA DIAGNÓSTICO

Com o decorrer dos anos, os pesquisadores vêm trabalhando para fazer o diagnóstico do TDA/H. Foi desenvolvida uma lista de critérios diagnósticos para ajudar os médicos, além de questionários que permitem os professores e pais classificarem os comportamentos. Os psicólogos desenvolveram testes e perfis que apontam a presença do TDA/H, outros desenvolveram técnicas de aferição da atenção e da persistência. Recentemente, equipamentos eletrônicos avançados permitiram a análise das ondas cerebrais, que, alguns acreditam poder ajudar de alguma forma.

Os profissionais podem desenvolver métodos de avaliação, mas não há método diagnóstico completamente confiável para o TDA/H. Os testes atualmente disponíveis trazem alguma objetividade a uma área muito subjetiva, mas não são infalíveis e deverão ser vistos como indicadores de um possível diagnóstico do TDA/H.

A Associação Americana de Psiquiatria publicou diretrizes sobre o diagnóstico do TDA/H que relacionam nove possíveis comportamentos do TDA/H (os "critérios de diagnóstico").

Para uma criança ser portadora do TDA/H, ela precisa demonstrar pelo menos seis de nove possíveis comportamentos. Com cinco ou menos, o diagnóstico permanece aberto. Parece tão óbvio, mas não é.

A criança com quatro ou cinco comportamentos difíceis pode não se encaixar no critério geral, mas pode ainda causar um imenso estresse. A criança com seis comportamentos pode não ser encaminhada para tratamento se os pais forem mais permissivos e a direção da escola for arrogante. Já a criança proveniente de um lar deficiente e de uma escola que não dá apoio poderá apresentar apenas cinco características e mesmo assim receber tratamento. Esse critério subjetivo das publicações perturba os estudiosos. O problema deles é que somente conseguem perceber o que leem em livros. Devemos, então, enfrentar as variações da vida real.

4. HISTÓRIA E OBSERVAÇÃO DETALHADAS

Após atender muitas crianças portadoras do TDA/H, torna-se claro que não há duas crianças exatamente iguais. Apesar disso, se observarmos cuidadosamente a história de cada uma, há geralmente sinais reveladores:

Achados frequentes em crianças portadoras do TDA/H

Comportamento impulsivo hiperativo e subtipos combinados

- Muitas se tornam crianças-furacão no momento em que levantam da cama.

- Há uma dramática diferença entre os achados acadêmicos obtidos de relatos de caso *versus* estudos não supervisionados.

Filhos inquietos

- Em casa, uma criança portadora do TDA/H é insaciável, nunca para e gera uma grande tensão.

- Seu comportamento em grupo é geralmente embaraçoso, e, quando brinca com outras crianças, é mandona e dominante.

> **Para muitos, o primeiro boletim escolar usava as palavras "desatento" e "perturbador".**

- Sua impulsividade a torna mais propensa a acidentes verbais e físicos.

- As crianças mais jovens, impulsivas e muito ativas, são fáceis de ser diagnosticadas no consultório médico. No momento que essas crianças passam pela porta, o médico, por reflexo, já corre para proteger seus pertences...

- Crianças mais velhas apresentam se de forma menos dramática. A maioria, não todas, fica se contorcendo, remexendo e importunando. A conversa geralmente sai do trilho ou elas se perdem no meio da frase. Ao fazer perguntas, recebemos como resposta "está bom". Seus olhos e pensamentos estão em qualquer lugar, menos ali.

> **Estimamos que mais de 90% das crianças portadoras do TDA/H podem ser identificadas através de uma história obtida adequadamente.**

- Às vezes o TDA/H não será óbvio no consultório médico, então o diagnóstico é feito ouvindo cuidadosamente os pais. Quando isso acontece, o TDA/H é diagnosticado do mesmo modo que muitas outras condições médicas, por exemplo, epilepsia; ou seja, pela história. Os médicos não pedem para ver o epiléptico cair no chão; eles acreditam no que os pais lhes contam.

Subtipo predominantemente desatento

- Há uma dramática diferença entre os achados acadêmicos descritos em um relato de caso *versus* estudos não supervisionados.

- Essas crianças são desorganizadas, esquecidas e desviam-se facilmente das obrigações.

> Se, em um período de dois meses, a vida de um jovem tiver uma grande virada, nós provavelmente acertamos!

- Aquelas que apresentam simplesmente desatenção e problemas sutis de aprendizado são muito mais difíceis de ser diagnosticadas, por isso os testes e indicadores são de grande valor.

- Quando tudo parecer muito difícil, lembre-se de que fazemos o diagnóstico por um motivo: para poder ajudar.

DIAGNSTICANDO: TRÊS PLANOS PARA AVALIAÇÃO

Quando ouvimos alguns colegas falarem sobre o TDA/H e sobre dificuldades de aprendizado específicas (DAEs), parece que o diagnóstico é impossível de ser feito sem uma equipe de psicólogos e, pelo menos, um período de um mês. Os recursos são tão limitados atualmente, que aqueles que ensinam sobre o TDA/H devem ser claros quanto ao que é essencial para o diagnóstico e quais são as condutas acadêmicas que não têm praticidade alguma. Com isso em mente, apresentamos nossas três sugestões de avaliação: o básico, o mais objetivo e o abrangente. A qualidade dos recursos locais e o tamanho de seu bolso decidirão

> O diagnóstico é apenas o começo; o que acontece depois disso é o que realmente importa.

Filhos inquietos

qual você escolherá.

1. O método básico
Fique alerta
- Comportamento incompatível com a educação dada pelos pais (incômodo, impulsivo, insaciável, socialmente fora de sintonia).
- Dificuldades na escola (distraído, desatento, memória fraca, necessidade de monitoramento individual).

Exclua
- Deficiência intelectual óbvia.
- Disfunção familiar maior.

Converse com a escola
- Há alguma preocupação quanto à inteligência da criança?
- Há alguma preocupação sobre transtornos específicos de aprendizagem?
- Quais são as preocupações da escola?

Marque uma consulta
- Com o psicólogo da escola, ou um pediatra ou psiquiatra. Esses profissionais farão o diagnóstico levando os itens acima em consideração, o que será, então, confirmado pela informação dos pais e apresentação clínica no consultório.

Testes com estimulantes
Monitorado por:
- Avaliação da escola.
- Avaliação dos pais.

2. O método mais objetivo

Igual ao método básico, mas acrescentando:

Papelada
- Questionários preenchidos pelos pais.
- Questionários preenchidos pela escola.
- Relatório formal da escola/pré-escola.

Psicólogo educacional (coordenador escolar)
- Testes básicos do intelecto.
- Testes de triagem para transtornos específicos de aprendizagem.
- Visitas às salas de aula para observação.

3. O método mais abrangente
Igual ao método mais objetivo, mas acrescentando:

Testes especializados
- Psicólogo: testes detalhados das habilidades gerais, tais como o WISC-IV (Escala de Inteligência Wechsler para Crianças) e dificuldades de aprendizado específicas.
- Educadores: avaliações práticas das habilidades básicas no aprendizado em sala de aula.
- Pediatra psicólogo: Teste de aprendizado associado pareado; Teste do tipo de desempenho contínuo, QEEG (neurometria).

Testes de estimulantes
Monitorado por itens que se seguem:
- Questionários.
- Teste de aprendizado associado duplo.
- QEEG.
- Teste de desempenho contínuo.
- Resposta da escola.
- Resposta dos pais.

Nove

O estresse para pais e irmãos

> É fácil presumir que uma casa carregada de energia do TDA/H não seria um bom lugar para descansar.

As dificuldades comportamentais do TDA/H não são as mesmas para cada família. Elas dependem da gravidade do TDA/H, pois os problemas principais podem ser comportamentais ou problemas de aprendizado, além da presença ou ausência de condições comórbidas, tais como transtorno desafiador opositivo.

Essas crianças causam um imenso estresse em seus pais e irmãos.

PAIS CASTIGADOS PELO ESTRESSE

O número de especialistas que necessitam ver a criança antes de fornecer o diagnóstico correto nunca deixa de surpreender. Observamos recentemente uma criança de oito anos de idade com o TDA/H clássico. Nos últimos dois anos, os pais tinham buscado ajuda de dois psicólogos escolares e um particular, um terapeuta ocupacional, um pediatra e dois diferentes psiquiatras infantis. Foi criada uma lista impressionante de diagnósticos de dificuldades de aprendizado e de coordenação motora, além de alterações emocionais, mas nenhum desses itens incluía o TDA/H. Enquanto esse menino agitado se debatia em nossa sala de espera, uma senhora olhou e disse: "Ele é portador do TDA/H exatamente como meu neto." Ela estava certa: este é um mundo estranho, onde um avô compreensivo consegue enxergar muito mais claramente do que uma faculdade cheia de profissionais.

É MINHA CULPA

> Ficamos aborrecidos em ver bons pais e mães se culparem.

A forma que os pais de crianças portadoras do TDA/H observam seus amigos, faz parecer que todos têm filhos angelicais e obedientes. Com o TDA/H, até mesmo o pai mais equilibrado e mais bem instruído acreditará secretamente que deva ser culpado de alguma forma. Esse sentimento torna-se pior pelas atitudes comunitárias antiquadas e preconceitos ignorantes de pessoas influentes na mídia.

E depois há aqueles amigos que gostam de se intrometer, questionando os diagnósticos e dizendo para os pais que o tratamento não é seguro. Sabemos que essas crianças são difíceis, mas estariam muito piores se não fosse por seus pais excepcionais.

DESAPONTAMENTO, RESSENTIMENTO E RAIVA

Quando visitamos as famílias, os pais fizeram de tudo e deram o melhor de si, mas nada que tentaram parece ter dado certo. Isso os deixa com sentimento de impotência e inutilidade. Muitos ficam secretamente desapontados, pensando que os cuidados que deram não foram suficientes; outros ficam com raiva porque o filho trouxe tanto estresse e rompimento onde uma vez existia um lar tranquilo.

Algumas mães têm maridos que apoiam e se envolvem totalmente nos cuidados com a criança, outras carregam consigo todas as preocupações sozinhas. Alguns pais nos procuram para fazer algum milagre: eles não querem acreditar que a vida foi feita para ser difícil.

OS PAIS PARECEM SER MELHORES QUE AS MÃES

Na maioria dos lares, é ainda a mãe quem fornece a maioria dos cuidados e da educação, mas, apesar disso, muitos pais parecem estar mais no controle do que as mães. Isso não significa que elas não são boas mães, só quer dizer que os pais são mais firmes, falam mais alto e têm um maior impacto por estarem com menos frequência em casa.

AS CRIANÇAS PROVOCAM UM CUIDADO INEFICIENTE DOS PAIS

Os pais que conhecemos começam com altas expectativas, mas após anos de baterem com a cabeça na parede, fazem um retrocesso na disciplina e vão pelo caminho mais fácil. Um profissional que desconhece a luta inicial dos pais, observa o comportamento inadequado da criança e os culpa pela aparente falta de firmeza; *ele não percebe que a disciplina mudou devido às dificuldades enfrentadas pelos pais.*

> Um grupo de pesquisadores usou gravações de vídeo para avaliar a qualidade da disciplina. Quando os vídeos foram analisados, os pais de crianças portadoras do TDA/H não foram bem classificados; estavam estressados, negativos e frequentemente inconsistentes. No geral, foi provado que um cuidado ineficiente por parte dos pais foi a causa do mau comportamento das crianças portadoras do TDA/H.
>
> Essas crianças, então, receberam seus medicamentos estimulantes e foram filmadas de novo. Com a calmaria trazida a seus filhos pela medicação, descobriu-se que os pais estavam no controle e disciplinando bem. Esses pais eram tão competentes quanto os demais; foram as crianças que mudaram. Muitos especialistas em educação infantil não se prenderam a esse fato: é o comportamento das crianças portadoras do TDA/H que faz com que os bons pais pareçam ineficientes, ao invés de os pais ineficientes criarem o comportamento do TDA/H.

ALGUNS PAIS NÃO PODEM SER AJUDADOS

Há um outro lado dessa história: alguns pais recusam-se a aceitar a natureza do TDA/H. Eles não escutam enquanto conversamos, não mudam e não querem ser ajudados. Geralmente, há três problemas envolvidos:

Tratar todos igualmente

Algumas mães e pais ficam muito furiosos quando sugerimos que tratem o filho portador do TDA/H de uma maneira diferente de seus irmãos. "Ele não vai mudar nossas vidas", "Você não pode nos dizer que um filho deve ser tratado diferente dos demais", "Se eles continuarem morando em nossa casa, vão viver sob as mesmas regras." Com essa postura, esses pais não fazem concessões para o TDA/H e, dessa forma, seus filhos estão sempre com problemas, o lar é infeliz e esse constante criticismo corrói sua autoestima.

Procurando problemas

Uma mãe de uma cidade do interior reclamou recentemente que a viagem da escola para casa era um tempo de grande tensão: "Eu paro para ir ao supermercado e, quando volto para o carro, ele está com cada uma das mãos no pescoço de sua irmã e de seu irmão." Nós sugerimos que ela fosse ao supermercado antes de pegar as crianças, mas essa pequena mudança na rotina não era por ela considerada.

Tirar isso deles

Se a criança tivesse uma deficiência mais óbvia seria mais fácil aceitá-la. Se ela tivesse nascido com apenas uma perna, não a forçaríamos a correr; se fosse muda, nós aceitaríamos que por mais que batêssemos ou gritássemos, ela não iria ouvir.

Alguns pais recusam-se a reconhecer que o TDA/H é uma condição genuinamente física, então, punir não levará a lugar algum. Alguns pais são tão ignorantes, inflexíveis e impulsivos quanto as crianças que geraram: "Nunca me deixariam fazer isso quando eu era menino. Vou mudar isso nele na marra." Essa forte abordagem pode dar a ideia de submissão, mas não se engane, não vai dar certo.

Deve haver super-homens e mulheres-maravilhas por aí que pensem que o TDA/H é fácil, mas ainda não nos deparamos com esses indivíduos. *Os pais com os quais lidamos estão cansados, confusos e frequentemente cheios de dúvidas.* Muitos já tiveram um esgotamento físico. Geralmente alguém lhes diz: "Não há nada de errado", "É apenas uma educação

> A obediência através do medo rouba do relacionamento o amor e o respeito.

insuficiente", "Você precisa ser mais rígido", "Você já pensou em fazer cursos especiais para os pais?."

OS IRMÃOS TAMBÉM SOFREM

Tenho certeza de que alguns irmãos queriam ser filhos únicos ou que tivessem sido adotados no nascimento. Apesar disso, alguns irmãos e irmãs se adaptam e aprendem a desviar das explosões e evitam assumir a culpa do irmão. Há muitos motivos para os irmãos acharem injusta essa situação:

Regras diferentes para pessoas diferentes

"Mas, mamãe, você nunca deixaria que eu saísse dessa assim, sem castigo." Nós ouvimos isso sempre, mas se não tivermos regras e expectativas diferentes, a casa vai se tornar um campo de batalha. Devemos dizer aos filhos que o irmão deles é *uma criança esperta e criativa, mas que perdeu a alavanca que aciona os freios do comportamento*. É injusto, mas goste você ou não, deverá haver regras diferentes.

Invasão de espaço

"Não é justo, mamãe, ele está quebrando meus brinquedos." Muitas crianças portadoras do TDA/H possuem dedos intrometidos, uma mente inquisitiva e vagas percepções de propriedade. Se vocês forem morar juntos nos próximos dez anos, deverá haver algumas regras definidas sobre o que tocar e o que não tocar. "O quarto de seu irmão foi declarado uma área de proibida." "Nunca será permitido você estragar o dever de casa de sua irmã." "Se você sequer bater na porta dela ou enfiar o nariz em seu quarto, cairá um raio em você." Os irmãos e irmãs mais velhos precisam de seus espaços, especialmente em épocas de exames escolares; uma trava ou fechadura não seria uma solução exagerada.

Filhos inquietos

Afrontas e tensão

"Mãe, ele não quer me deixar em paz!" Os irmãos conversam, brincam e assistem à TV juntos, mas a criança portadora do TDA/H entra como um detonador totalmente carregado. Ela incomoda, insulta, cutuca, e continua até que o gato ou o peixinho dourado precisem de terapia. É claro que os próprios irmãos não são de todo inocentes: alguns vão até os limites de suas habilidades para atiçar seu irmão portador do TDA/H. Isso deixa a casa em um constante estado de alerta.

Os pais deverão observar e dar graças a Deus quando todos estiverem se dando bem. Se o conflito estiver saindo fora do controle, é hora de separar as partes guerreiras.

Irmãos e a escola

"Sabe o que seu irmão fez na aula hoje?" É difícil o suficiente ter um irmão que fica "com a corda toda", mas o comportamento dele na escola não é de sua conta. Deve-se ensinar aos irmãos a sorrirem e saírem de fininho desses comentários, mas, mesmo assim, eles machucam.

Arruína a todos nós

"Mãe, não é nossa culpa, por que deveremos ir para casa mais cedo?" Com uma criança difícil, devem ser impostos limites para as atividades familiares ao ar livre. Não é justo para os irmãos, mas poderemos recompensá-los. Nem sempre conseguimos fazer as coisas em família, mas um dos pais pode assistir ao jogo de futebol de um irmão e fazer parte de atividades que seriam impossíveis se o filho portador do TDA/H estivesse presente.

Incomodando os amigos

"Mamãe, ele está incomodando meu amigo." Quando os amigos dos irmãos vêm para brincar, a criança portadora do TDA/H poderá controlar, interferir, incomodar ou até mesmo 'sequestrar' o amigo do irmão. Como as habilidades sociais em portadores do TDA/H são geralmente deficientes, é importante encorajar as visitas. Antes de o evento começar, defina algumas regras claras sobre o que você espera e o que você não quer. Dê um estímulo quando brincarem bem, separe-os quando brigarem e mantenha-se sempre em alerta.

Uma distribuição irregular do tempo

"Mamãe, você passa todo o tempo fazendo as coisas com o John." A criança portadora do TDA/H consome uma imensa quantidade de tempo e uma energia agitada. Há visitas a médicos, terapeutas e monitores, além de manter constantemente um limite no comportamento. Certamente que a distribuição de tempo é injusta, mas inevitável. Para permitir uma quantidade máxima de tempo com os irmãos, faça uso de todos os recursos, incluindo pais, avós, e amigos.

Ninguém disse que a vida seria fácil. Apesar de os pais se sentirem culpados, e os irmãos estarem a ponto de explodir, a maioria das famílias consegue controlar e permanecer juntas. Eu recebi recentemente um menino difícil, cujas irmãs adolescentes queriam participar da consulta. Elas reclamavam com a mãe: "Você não diz a verdade para o dr. Green, o doutor não sabe que nosso irmão é tão difícil." Não precisamos de um grupo de irmãos com cartazes na mão para protestar do lado de fora de nossos consultórios: sabemos como é a situação.

COMO PROTEGER OS IRMÃOS

- Imponha algumas regras não negociáveis sobre o espaço e a propriedade dos irmãos.
- Providencie alguns locais seguros para guardar as coisas.
- Defina uma regra que danos à propriedade alheia serão consertados coletando o dinheiro do causador de danos.

Filhos inquietos

- Seja bem rígido a respeito de perturbação ao estudo ou a trabalhos escolares.
- Permita que os irmãos mais velhos possam trancar a porta de seus quartos.
- Coloque os irmãos briguentos em quartos separados.
- Trace limites realistas em excursões familiares.
- Um dos pais tem que estar totalmente disponível para acontecimentos como um dia de jogo do irmão.
- Combine passar algumas noites com familiares e amigos, para dividir os cuidados.

Dez

Os principais conselhos para um comportamento melhor

Filhos inquietos

Este capítulo discorre sobre os blocos básicos da construção de um comportamento melhor para crianças portadoras do TDA/H. Apesar dessas mesmas técnicas serem utilizadas com crianças com transtorno desafiador opositivo, são muito menos eficazes em crianças com o TDA/H. Antes de prosseguirmos, é necessário afirmar claramente que aplicar somente técnicas de comportamento não produz milagres. Devemos concentrar-nos primeiro na criança portadora de um grave TDA/H, utilizando medicamentos. *Você deverá aprender antes de ensinar.*

POR QUE OS MÉTODOS NORMAIS FALHAM?

As técnicas que utilizamos com êxito nas outras crianças não funcionam bem nos portadores do TDA/H. Para que um programa comportamental seja eficaz, primeiro a criança precisa ouvir, planejar com antecedência, lembrar, pensar antes de agir e ser motivada por recompensas. Essas são as fraquezas do TDA/H, o que explica por que as crianças que têm a condição são tão difíceis de ser disciplinadas. A criança portadora do TDA/H escuta a metade da instrução e esquece o resto. Ela não vê a sequência de eventos que a está levando a ter problemas, onde a ação A conduz à B, à C, e que, ao atingir o E, está a um fio do desastre.

O entendimento moderno do TDA/H reconhece uma alteração na função do lobo frontal que causa um controle deficiente que leva a um comportamento inadequado. No TDA/H, uma ideia aparece na mente e a criança age sem pensar nas repercussões.

Se a falta de controle arruína a disciplina, a situação piora devido uma resposta inadequada à recompensa. A criança comum arrumará seus brinquedos, será recompensada com um biscoito de chocolate, sorrirá e fará isso novamente; a criança portadora do TDA/H pega o biscoito, reclama que não é chocolate branco, depois fica pedindo mais um, depois mais um... e assim vai. Esses problemas de planejar com antecedência, agir sem um pensamento adequado e responder ineficientemente às recompensas tornam o comportamento do TDA/H difícil de administrar.

ETAPAS NA ADMINISTRAÇÃO COMPORTAMENTAL

Quando você segue os pais pelos altos e baixos da vida, parece que algumas de nossas sugestões dão certo e outras são uma perda de tempo. Os melhores resultados chegam através de uma clara comunicação, instruções simples, uma pequena quantidade de regras importantes, e recompensas regulares e repetidas.

A maioria dos pais descobre que é preferível voltar atrás e não ir direto à jugular das crianças toda vez que ficarem irritados. Para muitos, o milagre chega com a introdução de medicamentos que lhes proporcionam uma criança que pensa, ouve e é mais fácil de lidar. Todos os pais sentem-se mais fortes quando entendem o TDA/H e notam que não estão sozinhos. Mas vamos dar uma olhada na lista completa de técnicas que ajudam a produzir um comportamento melhor.

Rotina, estrutura e consistência

Como seres humanos, somos todos felizes quando a vida é previsível e sabemos onde estamos pisando. Essa necessidade de estrutura é muitas vezes mais importante nas crianças portadoras do TDA/H, pois elas precisam ter uma diretriz pronta para guiar seus dias. Elas acordam a certa hora, colocam o pijama debaixo do travesseiro, arrumam o edredom, vestem-se, tomam o café da manhã, escovam os dentes, alimentam os peixinhos e vão para a escola. Se essa rotina for quebrada por qualquer coisa diferente, um professor substituto, visitantes na sala de aula, ou uma excursão escolar, isso pode tirar essas crianças do sério.

> Se você quer paz, fixe-se na rotina.

Ganhando a atenção

Não importa se você estiver treinando elefantes em um circo ou crianças portadoras do TDA/H, nada acontecerá até que você ganhe suas atenções. Fale clara e diretamente e dirija-se a elas usando seus próprios nomes. Os segredos da comunicação são contatos visuais, palavras simples, entusiasmo e instruções passo a passo.

Ignore as coisas insignificantes

Se eles comem uma cereja, fazem ruídos ao beber, ou deixam uma ervilha cair no chão, faz alguma diferença? Os pais de sucesso reconhecem a importância de dar um passo atrás e se engajarem somente nas grandes batalhas.

> Com as crianças pequenas evasivas, segure suas mãos ou direcione seus rostos para o seu. Toque levemente as crianças mais velhas para ganhar sua atenção.

Evite exagerar

Alguns pais ficam tão nervosos com suas reações que eles exageram a cada comportamento insignificante. Sabemos que isso pode ser irritante, mas não coloque lenha na fogueira. Tente ficar calmo, utilize um tom de voz mais prático e repita a regra como um disco arranhado.

Conheça o que detona o comportamento

Há certos acontecimentos devastadores que são como dinamite: festas infantis, noitadas, doenças, visitantes, longas viagens de carro, ficar com parentes ou qualquer alteração na rotina. Não é sempre possível evitar esses fatos, mas a antecipação facilita manejá-los.

Na hora do intervalo

A maioria das crianças portadoras do TDA/H sofre com a estrutura de sala de aula e o clima do pátio, mas não consegue lidar com os intervalos. Elas chegam ao pátio como animais soltos das jaulas, e se aparecerem problemas, vão surgir nos primeiros cinco minutos. Quando elas retornam à sala de aula são as últimas a se acalmarem, a se ajustarem e a se concentrarem. Os pais e professores deveriam conhecer essa vulnerabilidade e ficarem de sobreaviso nessas "horas de intervalo".

A medicação aumenta o foco

Não é segredo nenhum que os autores deste livro apoiam veementemente a utilização de medicação estimulante em casos do TDA/H. Sem ela, as ações impulsivas, as dificuldades no ouvir e uma desorganização geral dos portadores do TDA/H sabotariam o melhor programa comportamental. A medicação permite que a criança consiga se ajudar, planeje sua resposta e seja alcançada pela razão. *Para a maior parte dos terapeutas comportamentais, é a medicação que torna um bom programa em um que seja brilhante.*

Muito rígido? Não rígido o suficiente?

Acreditamos seriamente em uma abordagem suave ao TDA/H, apesar de pensarmos às vezes se somos muito tolerantes. De um lado, vemos pais que são intransigentes e rígidos, que têm filhos opositores e ressentidos. De outro, há pais que são tolerantes e pacíficos, que ficam muito próximos a seus filhos pouco comportados. Não conhecemos a fórmula correta, mas deveria haver regras e firmezas. *Talvez a resposta seja 90% de carinho e 10% de rigidez!*

Crianças precisam de regras

Não queremos cuidar de nossos lares como um serviço público, em que cada ação é governada por centenas de normatizações, mas há espaço para um pequeno e sensível quadro de regras. Elas precisam ser elaboradas com antecedência, criadas em tempo de calmaria – não feitas no meio de uma batalha –, precisam ser simples, justas, poucas e claramente entendidas.

> Quando uma regra é desafiada, deverá ser claramente reafirmada e, então, executada.

Evite as discussões

Se discussão fosse um esporte olímpico, as crianças portadoras do TDA/H ganhariam todas as medalhas. Discutir e debater com crianças portadoras da condição é uma atividade inútil: elas são somente palavras, e nenhuma lógica. Não debata; você nunca ganhará e isso encurtará sua vida. Reafirme a regra e bata o pé.

A mágica do "Um, dois, três"

Quando confrontada, a maioria das crianças portadoras do TDA/H, em princípio, diz não. Nós lhes dizemos: "Faça isso agora!" e elas nos olham como se fôssemos débeis mentais.

Sua avó nunca teve desses problemas; ela pedia educadamente e, se não houvesse algum sinal de ação, ela contava baixinho de um a três. Contar é uma técnica bem antiga e que dá certo, pois permite aquele pequeno espaço de tempo necessário para evitar uma resposta negativa reflexa.

Separe os soldados em guerra: acabou o tempo

Você pode fazer uso de suas regras e contar até três, mas chega um ponto em que a situação fica seriamente fora de controle. Uma vez que o comportamento ultrapasse certo limite, não há lugar para a razão; você deverá recuar e ganhar espaço.

Dar um tempo permite que uma situação problemática seja salva, retirando da criança toda a platéia e a atenção. O período de tempo é geralmente um minuto para cada ano de vida. Com cuidado, essa técnica poderá ser utilizada até os primeiros anos da adolescência.

Quando o tempo tiver acabado, apesar de não estarem totalmente arrependidas, as crianças voltam ao mundo real. Para que essa técnica de "dar um tempo" funcione, deverá ser utilizada sem raiva ou discussão, não deverá haver gritos como respostas, e, uma vez cumprido, elas voltam como se tivessem passado uma borracha no caso.

DISCIPLINA BEM- SUCEDIDA

- Todos os tratamentos para TDA/H eficazes envolvem a vida rotineira, recompensar o bom e evitar confrontos.

- Não trave uma disputa com a criança portadora do TDA/H, colocando pressão sobre ela: isso causa uma batalha, duas pessoas com raiva, nutrindo ressentimento mútuo e danos aos relacionamentos.

- Não discuta, não se irrite, não ponha lenha na fogueira. Utilize um tom controlado ao falar, sem emoção e prático.

- Permita espaço para manobras:
    - Determine a regra.
    - Conte até três.
    - Utilize a técnica "dar um tempo".
    - Ofereça opções.
    - Não as force por um beco sem saída.

- Lembre se: mesmo a criança com o pior comportamento é 95% do tempo boa. Recompense esse lado positivo, preste atenção quando se comportam bem.

Promover o bom comportamento através de recompensas

A lei básica da modificação comportamental afirma: "Um coportamento que é recompensador para a criança será repetido; um comportamento que não traz nenhuma vantagem para a criança desaparecerá." Isso significa que se recompensarmos o comportamento certo, ele acontecerá mais frequentemente, enquanto que ignorar o que é indesejado significa que ele irá embora.

Para promover o bom comportamento, podemos utilizar recompensas acumulativas, verbais ou materiais. Para as recompensas materiais, podem ser utilizados dinheiro, comida ou um privilégio especial; as recompensas verbais podem ser um elogio, uma demonstração de entusiasmo ou de orgulho paterno; as recompensas acumulativas podem ser coleções de estrelas, selos ou fichas, cada um dado em um momento de bom comportamento e, por fim, um prêmio maior.

Filhos inquietos

As recompensas verbais e materiais perdem seus efeitos a não ser que sejam específicas e repetidas regularmente. Quando uma recompensa é utilizada por um longo prazo, o pagamento deverá variar, pois essa mudança evita a perda de interesse ou um aumento nas exigências. Alguns comportamentos do TDA/H são mais bem respondidos com recompensas contínuas e, para isso, nós os motivamos com fichas e estrelas.

Em crianças mais velhas portadoras do TDA/H, os privilégios são excelentes formas de motivação. Um bom comportamento pode ser reconhecido com um dormir mais tarde, a escolha do jantar, pedir uma pizza, ter um amigo para passar a noite, ou ter permissão para não realizar uma tarefa doméstica.

Quando começamos a retirar os privilégios, passamos do lado positivo da disciplina para o campo da punição. Para que a retirada do privilegio dê certo, deverá ser algo que a criança goste. A perda de privilégios envolve perder metade do programa de TV favorito, nenhum telefonema à noite, a bicicleta trancada até o fim de semana. Para ser eficaz, seja curto e grosso, não entre em debate e escolha algo significativo para a criança.

O castigo

O castigo deverá ser aplicado com um imenso cuidado por ser fácil ir muito além do desejável, mas é uma técnica valiosa que ajuda a resolver crises de curto prazo, evitando algo mais sério. As crianças ficam confusas quando um castigo aparece sem mais nem menos; outras interpretam mal a sequência de eventos e somente enxergam a cólera dos pais: "Meu pai ficou louco e fiquei de castigo por uma semana."

Palmadas

É politicamente incorreto aceitar a mais suave palmada, mas, no mundo real, elas ainda acontecem. Os principais perigos das palmadas são os ressentimentos e a piora da situação. Você dá umas palmadas, a criança olha com expressão desafiadora; você bate mais forte, elas empinam o nariz para você, e logo você está fora de controle. Quanto mais força for utilizada, mais ressentidas elas ficam.

Ressentimento e cólera não ajudam a criar um relacionamento saudável. Não podemos banir totalmente o castigo físico, mas no TDA/H ele torna ainda mais difícil o relacionamento, é ineficaz, e pode ser evidentemente perigoso.

DIRETRIZES PARA CASTIGO

- Utilize castigos leves.
- Dê avisos claros.
- Pense antes de agir.
- Converse calmamente.
- Tenha um início e um término claros.
- Não se exaspere.
- Uma vez terminado, esqueça o assunto.

Afirmações com "eu", afirmações com "você"

É possível dizer a mesma coisa de duas maneiras, cada uma obtendo uma resposta diferente. Se utilizar afirmações com o sujeito "eu", ela transmitirá o que "eu" sinto; se utilizar afirmações com "você", implica que "você" está sendo criticado. Quando uma criança portadora do TDA/H nos incomoda, é de seu comportamento que não gostamos, em vez da criança. Pode parecer uma mudança simples, mas sempre que for possível, mude o "você" para "eu". Por exemplo: "Você está sempre machucando sua irmã" substitua por "Eu fico chateado quando há tanta briga". "Você estragou nosso passeio" substitua por "Fico aborrecido quando todos nós temos de ir para casa mais cedo".

Filhos inquietos

Mesmo em um dia ruim, em que parece que nada dá certo, até mesmo a pior das crianças é de fato boa 95% do tempo. O segredo de uma disciplina de sucesso é observar, reforçar e recompensar a criança que está sendo boa.

Disciplina é um delicado equilíbrio entre firmeza e encorajamento. Não é possível encorajar em demasia, mas é fácil ser muito negativo. Quando em dúvida, tome o caminho pacífico: segure o ramo de oliveira do carinho, ao invés da vara do castigo. Não fique desmoralizado: se o controle do TDA/H fosse fácil, este livro não existiria.

Onze

Resolvendo os principais problemas comportamentais

Filhos inquietos

Seria muita pretensão de nossa parte acreditar que a lista neste capítulo vai milagrosamente curar todos os problemas comportamentais. As sugestões são feitas apenas por um motivo: guiá-lo no caminho certo. Nossa meta é fornecer algumas simples sugestões. Uma vez na linha de frente da batalha, você terá de modificá-las à medida que os eventos se desenrolam.

> Almeje a paz, em vez da perfeição

ELE CUTUCA E IMPORTUNA A IRMÃ NA HORA DA COMIDA

Defina algumas regras não negociáveis e deixe o resto passar.

- "Você pode falar abobrinhas o tanto que quiser, mas não pode incomodar, afrontar ou bater na sua irmã."
- "Você pode se contorcer, ir para lá e pra cá, mas não dever tocar em sua irmã e em nada que pertença a ela."
- Se a regra for violada, há um aviso, e depois a ação.

LENTO PARA SE APRONTAR PARA A ESCOLA

Há dois tipos de pessoas lentas: aquelas que se desligam (sonhadoras ou "viajantes") ou aquelas que se desligam para perturbar (os que fazem corpo-mole).

Sonhadores

- Com crianças sonhadoras, arrume suas mochilas na noite anterior e já deixe as roupas separadas.
- Continue lembrando, verificando e encorajando seu bom desempenho.
- Recompense os resultados, não fique com raiva, não se desespere.

Fazendo corpo-mole

Não deixe que uma criança que faz hora arruíne o resto de seu dia.

- Os que fazem corpo mole precisam conhecer as regras.

- Há uma chamada para acordar, um lembrete de cinco minutos, depois uma afirmação de que faltam dez minutos para o ônibus escolar passar.

- Utilize um despertador de cozinha que faz soar um aviso, assim evitam-se os resmungos.

- Tomar o café da manhã correndo não é prazeroso, mas é melhor do que criar conflitos.

- Se escolheram chegar atrasados, não ultrapasse os limites de velocidade só para tentar chegar no horário.

INTERROMPE COMO UMA CRIANÇA PEQUENA

As crianças portadoras do TDA/H são impulsivas e se esquecem das coisas se não as contam imediatamente. Não devemos bloquear a comunicação, mas devemos encorajá-las a esperar.

- Diga lhe gentilmente: "Você terá sua vez em um minuto, John."

- Continue repetindo as regras da conversa, mas não vire um chato.

- Permita que a criança que esquece facilmente interrompa, com uma " dica", que você deverá escolher mais tarde.

SOBREVIVENDO A LONGAS VIAGENS DE CARRO

Se é você quem dirige:

- Defina, antes da viagem, algumas regras firmes sobre cutucar, incomodar e perturbar.

Filhos inquietos

- Planeje paradas regulares e informe às crianças o tempo de viagem.

- Se for utilizar o som do carro, defina o tempo para isso com antecedência; um som individual seria bom para evitar disputas.

- Utilize o sistema de fichas, em que pequenos intervalos de uma viagem tranquila serão recompensados com fichas (estrelas, bolinhas, créditos etc.), que, juntas, resultarão em um prêmio valioso (por exemplo, dinheiro para gastar na próxima parada).

> Quando viagens de longa distância incomodam os pais e é um perigo para a saúde mental, considere um voo curto, uma viagem de trem ou simplesmente ficar em casa.

LINGUAGEM DE BAIXO CALÃO E MÁ POSTURA

A criança que é impulsiva e socialmente imatura pode ser rude e inapropriada com o que ela diz. Crianças opositivas são geralmente hostis.

- As palavras são geralmente ditas pela reação que causam. Não crie caso, faça uma clara afirmação que essa atitude é inaceitável; não se exaspere ou discuta.

- Com as crianças pequenas, explique o significado dos palavrões e mostre como é bobo ficar dizendo tais palavras em público.

- Há uma grande diferença entre uma criança de cinco anos que copia os outros sem saber o que diz e os palavrões de um adolescente defensivo de quinze anos. É possível obrigar o adolescente a cumprir as regras domésticas, mas a época para estabelecer a linguagem e posturas é muito mais cedo.

- Observe e cumpra as regras quando conversam e se relacionam de uma forma apropriada.

- As crianças imitam o discurso, posturas abusivas e palavrões daqueles que estão próximos; na idade pré-escolar, elas imitam os pais.

O QUARTO É UMA BAGUNÇA

Mães amantes da ordem não suportam quartos desarrumados. Os melhores resultados de um quarto arrumado começam quando os pais ensinam essa prática aos filhos desde cedo.

- Separe de vez em quando todos o lixo, brinquedos e roupas que não servem mais.
- Forneça um espaço extra para depósitos de objetos não muito utilizados e para roupas.
- Com os filhos pequenos, arrume o quarto com eles.

> Vale a pena expulsar um adolescente desorganizado de sua casa só pela desarrumação do quarto?

- Utilize o incentivo da "cenoura": "você arruma isso, enquanto eu preparo uma vitamina deliciosa."
- Marque uma hora de inspeção programada todos os dias.
- Uma tabela de estrelas ajuda a concentrar a atenção no quarto limpo, mas perde o efeito em poucas semanas.
- Para cada dia de uma relativa arrumação, adicione um pequeno bônus de produtividade na mesada.

QUEBRA OS OBJETOS DA IRMÃ

Se alguém possui uma mente inquisitiva, dedos que não ficam quietos e não pensa com antecedência, objetos serão quebrados.

- Defina pequenas regras sobre o que pode e o que não pode ser tocado.

Filhos inquietos

- Observe quando demonstram cuidados e respeito com propriedade alheia.

- Mostre a diferença entre ações ocasionais impensadas e danos que acontecem com a negligência deliberada de um aviso.

- Instrua os irmãos a manter seus pertences seguros e torne esse local proibido para os irmãos portadores do TDA/H.

- Objetos quebrados podem ser substituídos com o dinheiro da mesada, que é deduzido na fonte; não crie sistemas de pagamento difíceis de serem cumpridos, pois eles causam ressentimento e hostilidade.

DANOS CAUSADOS EM UM ESTADO IMPENSÁVEL DE FÚRIA

A criança hiperativa e impulsiva pode ter um pavio extraordinariamente curto. Quando as coisas dão erradas, elas agem muito emocionalmente, chegando até a destruir seus próprios pertences. Depois que isso acontece, elas percebem sua estupidez, o que as faz ficar duas vezes mais irritadas.

Não passe sal na ferida. Mesmo dizendo que não se importam, eles estão magoados.

- Os seres humanos que têm mais raiva são aqueles que ficam com raiva de suas próprias bobagens.

- Não fique chateado, pois isso piora as coisas.

- Se as crianças quebram algo que é importante para elas, por exemplo, um modelo de avião quase completo, dê apoio, não critique.

MENTIRAS: DISTORCENDO A VERDADE

Há uma diferença entre a mentira ocasional de uma criança, e a fraude patológica planejada de um adolescente fora de controle.

> É injusto esperar que nossos filhos sejam mais verdadeiros do que os adultos com quem vivem.

- Com crianças pequenas, não exagere; diga calmamente que você acha que isso não é verdade.

- Não discuta, afirme tranquilamente sua opinião.

- Assegure-se de que a honestidade vale a pena; elas devem receber menos castigo por assumir a mentira do que negar uma culpa.

- Se você encorajar uma franqueza quando são jovens, confiarão em você nos difíceis anos de adolescência.

PASSEIO DE BICICLETA PERIGOSO

Uma bicicleta oferece um grande escape para a energia contida nas crianças portadoras do TDA/H. Infelizmente, crianças impulsivas e hiperativas podem correr perigo nas ruas, por isso devemos cuidar da segurança delas.

> Se você acha que bicicleta é uma preocupação, espere até que eles estejam dirigindo seus próprios carros!

- Defina regras claras sobre capacetes, paradas nos cruzamentos, travessias em ruas principais e quais áreas não devem ser visitadas.

- Defina regras sobre os cuidados com a bicicleta, como trancá-la e guardá-la à noite.

- Observe e reforce um passeio seguro.

- Fique observando quando desafiam seus colegas em saltos, rampas e movimentos radicais.

Filhos inquietos

- Quando as regras são quebradas, proíba a bicicleta durante uma semana e não discuta ou debata suas ações.

FESTAS DE ANIVERSÁRIO

Geralmente a energia e os exageros de muitas crianças podem torná-las um foguete.

- Prepare-se adequadamente e chegue calmo.
- Certifique-se de que o medicamento foi ministrado e fará efeito durante as horas da festa.
- Se estiver preocupado com o comportamento, chegue um pouco mais tarde e pegue-os um pouco mais cedo.
- Com crianças pequenas, fique e ajude a supervisionar.
- Quando organizar a festa de seus próprios filhos, assegure-se de que há adultos protetores suficientes por perto.
- Pense em convidar um professor favorito da escola, pois isso oferece uma forma de "presença policiada".

SOCIALMENTE EM DESACORDO

Algumas crianças portadoras do TDA/H empurram, dominam, invadem espaços alheios e, quanto mais tentam, mais pioram a situação.

- Reconheça quando brincam bem e interagem adequadamente.
- Lembre-os quando suas ações começarem a irritar os outros.
- Não se torne negativista ou um constante crítico.
- Pergunte discretamente o que achariam se estivem no lugar da pessoa importunada.

- Programas de treinamento de práticas sociais são essenciais para crianças portadoras do TDA/H, mas os resultados aparecem com mais sucesso na sala de terapia do que no mundo externo.

- O desenvolvimento de práticas sociais chega gradualmente com a idade e a maturidade.

DISCUSSÕES NA HORA DO DEVER DE CASA

O segredo é começar bem no início dos anos escolares: estabelecer o hábito de fazer o dever de casa e se envolver na tarefa.

- Defina um horário fixo para deveres de casa, o que permite alguma liberdade para descansar depois da escola, mas não tarde da noite, quando já estão cansados.

- Tenha um local especial para fazer os deveres de casa.

- Faça um acordo que distribua certa quantidade de trabalho, seguido por uma pausa para descanso, depois outro período de trabalho.

- Se, após muito esforço, o trabalho ainda não tiver sido terminado, deixe-o da forma que estiver.

- Utilize lembretes para certificar-se de que os livros certos chegam em casa e as exigências sejam entendidas.

- Com trabalhos e estudos escolares, os pais ainda precisam ficar envolvidos, especialmente para começarem as atividades.

Doze

Melhorando o desempenho escolar

Tentar ensinar uma criança impulsiva e desatenciosa não é tarefa fácil. Mesmo com a melhor intervenção disponível, elas sempre terão mais talento e criatividade do que são capazes de demonstrar nas provas. Não há soluções simples, mas grande parte do sucesso é obtida com o ensinamento passo a passo, e com variedade, estrutura e truques para ajudar a memória de curto prazo.

SUGESTÕES PRÁTICAS PARA SALA DE AULA
Que aula?

A criança portadora do TDA/H obtém sucesso quando encorajada com consistência e tranquilidade. Se elas fossem membros da realeza, teriam um tutor particular em tempo integral, mas no mundo real elas serão ensinadas na mesma sala de aula com cerca de 30 outros alunos. Quando escolher uma sala, escolha o estilo tradicional.

Evite classes compostas onde mais de uma série é ensinada ao mesmo tempo.

As crianças portadoras do TDA/H não toleram interrupções e devem ser protegidas de professores com um registro de frequência irregular ou aqueles que planejam um afastamento prolongado. Em escolas menores, as crianças mais difíceis são colocadas na sala onde o diretor é o professor. Mesmo se o professor for o mais tolerante e experiente da escola, a criança com TDA/H fica perturbada por qualquer interrupção administrativa; ainda que colocadas em uma cela à prova de som, essas crianças serão capazes de se distraírem.

Escolhendo o professor certo

O professor ideal é firme, flexível e sabe quando recuar.

Para uma criança portadora do TDA/H, o sucesso escolar varia muito de ano para ano. Não é que essas crianças mudem, é apenas que, em um ano, aluno e professor se dão bem, no outro ano, não.

Filhos inquietos

Todo ser humano gosta se ser saudado todos os dias com entusiasmo e contato visual, pois ouvimos melhor as pessoas animadas que variam seu tom de voz e fazem cada pessoa sentir-se como se fosse a mais importante. A criança com TDA/H precisa saber que é aceita e apreciada, mas que, ao mesmo tempo, o professor, definitivamente, é que manda.

Assento sensível

É tentador colocar a criança desatenta o mais longe possível do resto da turma, mas, para que ela aprenda, deve sentar-se bem na frente, de preferência entre os dois alunos mais calmos da classe. Elas deverão estar de frente para o professor. As instruções deverão ser dadas bem em frente delas, pois podem distrair-se se tiverem de olhar para os lados ou para trás. Algumas empresas que se especializam em treinamento de empresários acreditam que os assentos em forma de U dão melhores resultados, apesar do local, às vezes, não permitir essa opção.

Ordem e organização

As crianças portadoras do TDA/H precisam aprender como priorizar e organizar suas vidas ou nunca conseguirão atingir suas metas. Os professores e os pais podem ajudar nessa situação com regras, tarefas diárias, listas e estrutura.

Regras

Deve haver algumas regras claramente definidas e alguns lembretes comuns. No começo de cada dia escolar, as regras sobre gritar na sala, perturbar os outros e sair da carteira, devem ser mencionadas a todos os alunos. As regras especiais para portadores do TDA/H deverão ser discutidas com eles em particular.

Rotina

As crianças deverão conhecer os planos de aula no início de cada dia escolar e estar ciente do que vai acontecer depois. Quando sair

> A criança portadora do TDA/H deve saber o que é esperado e onde é seu lugar.

de uma atividade para outra, elas precisam relaxar e, então, serem levadas para o outro lado.

Listas

Elas são os salva-vidas para crianças mais velhas e adultos, pois relacionam os trabalhos do dia, dever de casa e material necessários. Checar as tarefas já feitas fornece uma estrutura e dá uma sensação agradável de realização.

Estrutura

- **Planejamento e automonitoramento:** Logo após os oito anos, as crianças podem aprender a inspecionar e planejar. Na cama, são encorajadas a pensar nas atividades do dia seguinte, deixar os livros prontos, arrumar as roupas de educação física e a pensar com antecedência.

- **Ensinar sobre a sucessão:** Precisamos ajudar as crianças portadoras do TDA/H a organizar seus pensamentos. A criança aparece correndo e conta uma história incompreensível sobre um cão. Acalme-a e pergunte "que cão?" "Onde estava o cão?" "O que o cão fez?" Quando ler uma história, pare no final da página e pergunte: "O que vai acontecer depois?"

- **Falando sozinho:** Os especialistas em desarme de bombas fazem um trabalho melhor quando falam consigo mesmo sobre a sequência correta do desarme dos fios; os pilotos leem uma lista de verificação antes da decolagem. Conversar sozinho não é bem visto pelos professores, mas, para alguns adolescentes e adultos, melhora grandemente a precisão.

- **Uma tabela:** Quando uma criança é esquecida e desorganizada, precisa trabalhar com uma tabela. "Qual é o assunto do projeto?", "Quais são os cabeçalhos principais?", "Em qual ordem eles vêm?"

Filhos inquietos

- **Distribuição de tempo:** As crianças portadoras do TDA/H têm dificuldades em administrar o tempo; em um exame, elas dedicam metade do tempo a um quarto das perguntas. Quando estão fazendo o dever de casa, gastam uma hora colorindo um desenho e deixam pouco tempo para a parte escrita. Da escola primária em diante, prioridade e distribuição de tempo são técnicas que devem ser ensinadas.

Prendendo a atenção

O maior desafio para qualquer professor é prender a atenção de uma criança portadora do TDA/H sem humilhá-la na frente de seus colegas. Prende-se a atenção com palavras de sugestão, entusiasmo, variedade, e com instruções curtas, de passo a passo.

Palavras de sugestão

Quando os alunos da sala estão "viajando", o professor inteligente utiliza palavras como "pronto", "espere um pouco", "este é uma assunto interessante", "agora vamos!".

Animado e entusiasmado

Se o conteúdo for apresentado em uma voz entediada e sem vida, a mensagem provavelmente nem chegará aos ouvidos. O professor animado utiliza linguagem corporal e os olhos e faz pausas e conversa baixo para chamar a atenção das crianças.

Variedade

Tédio é um grande problema em crianças portadoras do TDA/H, e variações de estilo e comportamento ajudam essa perda de interesse. Professores inteligentes alteram o tom de suas voz e a velocidade da apresentação, ou param repentinamente, tudo para reforçar a atenção.

Seja breve

As instruções precisam ser breves e diretas ao ponto, não esconda mensagens importantes em um monte de palavras desnecessárias. Diga à criança o que você quer que ela faça, e não o que você não quer que ela faça.

Instruções passo a passo

Longas listas de instruções não combinam com crianças portadoras do TDA/H. Elas têm lapsos de memória, esquecem a ordem, e isso resulta em dificuldades. Nos primeiros anos escolares, o trabalho deverá ser apresentado em uma série de passos simples: "Pegue uma folha de papel em branco." "Agora pegue sua régua." "Coloque a régua no lado esquerdo." "Desenhe uma linha na página." "Agora pegue sua caneta."

Melhorando a memória

Aqueles que vivem com uma criança ou um adulto portador do TDA/H não acreditam na facilidade com que eles conseguem esquecer as coisas. Mas nós podemos melhorar a memória deles, utilizando vários tipos de dicas, listas e jogos de memorização.

Dicas visuais

As informações verbais são geralmente esquecidas, mas quando a dica verbal é unida com uma visual, as informações podem ser gravadas. Nos primeiros anos escolares, aprendemos o alfabeto com um "a" ao lado da gravura de uma "árvore". Dicas visuais não estão confinadas às escolas; talvez não consigamos lembrar o andar do estacionamento, mas sabemos que está no piso amarelo.

Palavras-chave e listas

Palavras-chave são utilizadas para chamar a atenção da criança para uma ideia, na esperança de que irá estimular sua mente. Toda mãe utiliza isso; seus lembretes dizem "leite", "carne", "pagar conta".

Filhos inquietos

Associação

Quando somos apresentados a um grupo de pessoas, os nomes poderão ser fáceis de serem lembrados se os ligarmos a uma imagem, por exemplo, Júlia, a atriz Júlia Roberts; Carla, Carla Peres.

Rimas e mnemônicos

Como adultos, conseguimos lembrar que "30 dias tem novembro, abril, junho e setembro..." Sabemos que "m vem antes de p e b." Que as cores do arco-íris são vermelha, laranja, amarelo, verde, azul, violeta (VLAVAV). As rimas funcionam muito bem para as crianças com TDA/H.

Lembretes

As crianças podem utilizar lembretes que ajudam os adultos esquecidos: escrever na palma da mão, notas em pedaços de papel, nós em lenços, elástico ao redor do pulso, relógio no braço errado, etc. Há também aparelhos como alarmes, agenda eletrônica, etc.

COMPORTAMENTO ESCOLAR

Entendemos como é difícil para os pais em casa com seus filhos portadores do TDA/H, e também como é difícil para o professor com essas crianças entre outras 30. Os que ensinam crianças portadoras do TDA/H não precisam de uma bola de cristal para prever as áreas problemáticas. Essas crianças gritam em sala, ficam pegando e dando tapas nos colegas, reagem às provocações e não se adaptam às mudanças.

Gritando em sala

Isso faz parte de seu comportamento impulsivo, imaturo e "sem freios". Elas nunca serão as crianças mais calmas da sala, mas há várias formas de ajudá-las.

- Em primeiro lugar, se a criança estiver sob medicação, certifique-se de que a dose está correta, pois os incidentes aumentam quando os efeitos dos medicamentos acabam.

- Essas crianças devem ser avisadas de seus gritos, sem serem ridicularizadas na frente de seus colegas.

A maioria das crianças com TDA/H são conhecidas por seus comentários espertinhos.

- Toda a turma deverá ser constantemente lembrada sobre as regras. Por exemplo, quando esse comportamento ocorrer, o professor faz um claro sinal utilizando um forte contato visual ("a olhada"), uma palavra especial ou um gesto secreto. Poderão ser dadas fichas para cada 20-30 minutos de autocontrole, o que, ao final, levará a um privilégio especial. Às vezes, um sistema de dedução é igualmente eficaz. A criança começa aqui com "quatro vidas", se sobrar uma no final da aula, ela sai com todos os amigos, mas, se as vidas tiverem se esgotado, ela fica alguns minutos para trás.

Tocar e dar tapas

Você poderá proibir totalmente as canetas que clicam, mas, mesmo assim, as crianças encontrarão algo para ficar pegando, batendo ou balançando. Dedos inquietos fazem tanta parte do comportamento das crianças, que os professores inteligentes aceitam o inevitável e as ensinam a brincar silenciosamente.

Mudanças e horário do intervalo

As crianças portadoras do TDA/H não são apenas demasiadamente ativas, elas são também demasiadamente ativas nas horas erradas. Elas chegam ao pátio de recreio voando, acalmam-se lentamente, recarregam as energias e continuam com o agito. É essa mudança de um ambiente calmo e controlado para uma brincadeira intensa que causa o estresse. Não existe nenhum remédio certo, mas se estivermos preparados para essas horas vulneráveis, poderemos nos precaver.

Filhos inquietos

- Depois de um intervalo, a concentração deverá ser gradativamente elevada com uma instrução geral e, quando estiver mais calma, a criança poderá então passar para um trabalho mais complexo.

- Deve haver um aviso cinco minutos antes da aula acabar, permitindo assim um tempo gradual de relaxamento.

- Excursões escolares podem ser um imenso desafio devido ao nível geral de emoção e saída da rotina.

Reação explosiva após provocações

Geralmente notamos crianças sensíveis e gentis que são rotuladas de "agressivas". Elas não são deliberadamente "desagradáveis", o problema delas é a explosão aos importunos e gozações. Essas crianças são alvos de crianças que gostam de importunar, e que vão mexer com elas.

Pais perturbados geralmente recebem ligações, dizendo que seus filhos estão suspensos. Eles já conhecem a sequência de acontecimentos: a criança portadora do TDA/H está alegre e cuidando de seus próprios assuntos, elas são incomodadas e reagem, a criança que incomoda gosta da reação e incomoda ainda mais, o portador do TDA/H reage em demasia, o professor faz uma intervenção pesada, a briga se intensifica e a criança inocente fica suspensa por três dias.

Os professores precisam estar cientes dessa vulnerabilidade do TDA/H e amenizar, sem piorar a situação. Eles precisam olhar os acontecimentos desde o início da brincadeira, ao invés de ver só a cena final. Sugerimos que contem até dez, e não reajam aos insultos, mas mesmo os adultos inteligentes acham difícil essa atitude.

Os professores estão lá para ajudar, e eles querem ajudar. É importante para os pais demonstrarem que estão verdadeiramente interessados. Mantenha as vias de comunicação abertas, não exija e critique sempre: pergunte se você pode ajudar.

Treze

Medicação: os fatos

Filhos inquietos

Não fazemos nenhuma apologia de nosso entusiasmo com a medicação estimulante. A qualidade da evidência é tão boa que nenhum centro de pesquisas de boa reputação questiona o benefício e a segurança desse tratamento para o TDA/H. Estamos cientes que ainda existem muitos ativistas antimedicamentos que clamam ser a medicação inútil e perigosa. Como adultos, reconhecemos que o mundo está cheio de pessoas influentes que enganam as pessoas intencionalmente, ou por ignorância.

Pode haver pessoas que debatem os fatos sobre medicações estimulantes, mas os benefícios estão tão bem claramente documentados que não vale mais a pena entrar em tal debate.

OUTRAS TERAPIAS

Os últimos 20 anos foram anos interessantes. Primeiro, ouvimos que o TDA/H desapareceria quando o chumbo fosse removido do petróleo, depois partimos para a vitamina B6 e, mais recentemente, para o suco de toranja, óleo de peixe, ômega 3, gliconutrientes, e vários extratos vegetais.

Uma terapia já existe há mais de 40 anos: a relação da alimentação com o TDA/H.

Os pais nunca devem evitar os medicamentos que escolherem utilizar. Tudo o que pedimos é que os tratamentos bem pesquisados e com provas de sucesso sejam utilizados primeiro.

Alimentação e TDA/H

Se a alimentação afeta o comportamento das crianças normais, ela também afeta aquele das crianças portadoras do TDA/H. Parece que quando a alimentação funciona, o efeito principal é sobre a atividade e a irritabilidade. As pessoas que trabalham com nutrição concordam que a alimentação não é a causa do TDA/H, mas pode piorá-lo.

Alguns pais realmente notam comportamentos inadequados com a alimentação, mas isso ocorre apenas com um ou dois alimentos claramente identificados, tais como chocolate, refrigerantes, estimulantes, morangos, cores e sabores artificiais. Deve ser enfatizado que isso ocorre com a minoria, e os pais estão bem conscientes dos alimentos que devem ser evitados. Se não houve qualquer reação óbvia a alimentos, uma dieta restrita raramente trará algum benefício.

AS MEDICAÇÕES

Não parece lógico dar uma medicação estimulante a uma criança que já está muito estimulada, mas é exatamente disso que ela precisa. Os estimulantes, ou mais precisamente os psicoestimulantes, são eficazes por aumentar a quantidade do neurotransmissor dopamina em determinadas regiões do cérebro.

> Essas medicações não são sedativos, elas não afetam as faculdades da criança.

Os estimulantes metilfenidato (Ritalina) e dexanfetamina são os mais comumente usados e os mais eficazes no tratamento do TDA/H.

O uso de medicações estimulantes no tratamento do TDA/H não é novidade. Eles se mostraram eficazes inicialmente em 1937, mas não foram amplamente utilizados até o final dos anos 50, quando o metilfenidato (Ritalina) foi introduzido pela primeira vez. Nos últimos cinquenta anos, os pais ficaram temerosos com as medicações que a mídia rotulou de inseguras e controversas. Mas as bases para essas opiniões nunca vieram de uma fonte científica, vieram de jornalistas sensacionalistas que obtinham informações imprecisas em grupos de pressão.

> Os estimulantes permitem às crianças utilizar suas habilidades naturais para selecionar, concentrar, eliminar a distração e pensar antes de agir.

Filhos inquietos

Ritalina e dexanfetamina não são iguais

Atualmente, duas preparações estimulantes são utilizadas na Austrália: metilfenidato (Ritalina) e dexanfetamina. Dizem que essas drogas são semelhantes no efeito, mas, em nossas experiências clínicas, mais de 50% das pessoas estudadas respondem melhor a uma medicação do que a outra. O ideal seria que as duas fossem testadas, assegurando, assim, que a criança receba a medicação que melhor atenda suas necessidades individuais.

Preparações de metilfenidato mais recentes e de maior duração também estão disponíveis.

Estimulantes: absorção e ação

Os estimulantes são semelhantes em muitas formas ao inalador Salbutamol, utilizado em casos de asma. Com o Salbutamol, aspiram-se duas vezes, e o efeito aparece dentro de 15 a 30 minutos, e dentro de três a cinco horas o efeito começa a diminuir. De forma semelhante, os efeitos dos estimulantes começam a surgir em cerca de trinta minutos nos casos do TDA/H. O pico de ação sobre o comportamento de aprendizado começa a cair entre três e cinco horas. A dexanfetamina tem um tempo de ação um pouco mais longo, atingindo um nível plasmático mais constante. Para exercer seus efeitos sobre neurotransmissores, a dexanfetamina precisa atravessar a barreira hematoencefálica, um processo que varia muito de criança para criança.

Aproximadamente metade do nível original de estimulante permanece até a hora em que o próximo comprimido for tomado. É por isso que receitamos a maioria dos medicamentos logo de manhã e pequenas doses no decorrer do dia. Por exemplo, toma-se um comprimido no café da manhã, três quartos de um comprimido ao meio-dia e metade de um comprimido às 15h30. Em 12 horas, quase todo o estimulante já terá deixado o organismo; os estimulantes são de rápida absorção, mesmo com o estômago cheio.

O tempo de ação do estimulante não é afetado pelo uso

concomitante de outros medicamentos, tais como antibióticos, paracetamol e antiepilépticos.

Os estimulantes são completamente seguros?

Em medicina, devemos pôr na balança os benefícios de um tratamento contra as chances de um possível problema. Os ativistas antiestimulantes esquecem que o TDA/H não tratado representa também um risco considerável.

Com respeito aos medicamentos, os estimulantes são excepcionalmente seguros.

A cada ano, crianças não-medicadas, impulsivas e desatentas ficam gravemente feridas ou, até mesmo, morrem em acidentes que poderiam ter sido evitados. Os pais e filhos perdem o amor, e esse relacionamento arruinado continua por toda a vida.

As crianças inteligentes sentem-se fracassadas, saem da escola com uma educação debilitada, poucos amigos e baixa autoestima.

Benefícios de curto prazo comprovados

A ação dos estimulantes vem sendo amplamente estudada, e a maioria dos pesquisadores relatam melhoras que variam entre 70-90% em crianças portadoras do TDA/H. Essas são, de longe, as drogas mais eficazes e também as mais seguras usadas em psiquiatria infantil.

Os estimulantes reduzem a inquietação, mantêm a criança

Trabalho feito por uma criança de cinco anos, que não usava Ritalina

Uma semana mais tarde: trabalho feito pela mesma criança, sob Ritalina

Filhos inquietos

> Os pais nos contam que têm um filho que ouve, entende as instruções no quadro e age pela razão.

concentrada na tarefa, melhoram a produtividade em sala de aula, e melhoram o automonitoramento e a precisão. As crianças ficam menos impulsivas e desatentas e aprendem quando recuar. Os trabalhos escritos são mais limpos e a fala, que era vaga, poderá voltar ao normal. Melhoram as interações entre os filhos, pais, professores e colegas.

Os estimulantes não aumentam a inteligência, apesar de testes psicológicos poderem ser mais fáceis de serem aplicados. As dificuldades de aprendizado específicas, como, por exemplo, as dislexias, não melhoram diretamente com os estimulantes, mas a partir do momento que a criança com esse problema começa se concentrar, os benefícios da medicação aumentam. Os estimulantes não tratam o comportamento de transtorno desafiador opositivo ou de transtorno de conduta, apesar de que, ao restringir a impulsividade do TDA/H, possam tornar essas crianças mais seguras e mais previsíveis.

Benefícios a longo prazo

Na há dúvidas de que as crianças portadoras do TDA/H tratadas com estimulantes estão melhores hoje, estarão amanhã, na próxima semana, no próximo mês e no próximo ano. Sabemos que elas estão mais próximas de seus pais, mais felizes, com sucesso na escola e com mais amigos. Acreditamos que se acertarmos nos benefícios a curto prazo, teremos acertado também nos benefícios de longo prazo.

> Os estimulantes não aumentam as habilidades naturais da criança, eles apenas permitem que elas tirem um melhor proveito do que já possuem.

Há provas conclusivas suficientes de que os estimulantes dão resultados a curto prazo. No entanto, os ganhos a longo prazo são presumidos, mas não estão comprovados.

Os resultados a longo prazo mostrarão que, com nossa medicação, há menos importunação, negatividade e cólera.

Grande parte das pesquisas mais antigas não separava o TDA/H simples do TDA/H com desordem de conduta. Nessa última combinação, os resultados não são bons, sejam as crianças tratadas ou não. Para resolver tal problema, precisaríamos de pesquisas objetivas de longo prazo, do tipo que as crianças portadoras do TDA/H simples são tratadas e outras são deixadas sem medicamentos, o que, hoje em dia, seria visto como antiético.

> Com os pais felizes, some a pressão negativa sobre a criança, que gratificada, torna-se mais ágil, havendo assim um "empate" entre os jogadores

Os resultados de longo prazo mostrariam que, com medicação, há menos chateação, negatividade e cólera.

AS CRIANÇAS PORTADORAS DO TDA/H TORNAM-SE VICIADAS?

A palavra "anfetamina" causa ansiedade com respeito ao vício. Apesar de estimulantes serem utilizados em crianças portadoras do TDA/H há algum tempo, não há nenhuma evidência de vício, dependência ou aumento no risco de abusos químicos no futuro. O tratamento utilizando estimulantes reduz um futuro abuso químico em 80-85%.

ESTIMULANTES: O QUE OS PAIS OBSERVAM

- Mais capacidade de sentar-se e manter-se em uma tarefa (computador, desenho, brinquedo).

- Menos impulsivas (as crianças pensam antes de agir ou falar).

- Menos insatisfeitas (elas conseguem pôr fim a um assunto, não continuar por horas batendo na mesma tecla).

- As crianças escutam, ficam mais calmas, aceitam mais as frustrações.
- Menos inquietas, importunam menos.
- Mais próximas e felizes.
- Interrompem menos, e o diálogo é mais claro e direto.
- A vida familiar tornou-se mais calma.
- "Vocês nos deram o filho que sempre quisemos ter."

ESTIMULANTES: O QUE OS PROFESSORES RELATAM

- Menos distraídas, desatenciosas e importunas.
- Gritam menos na sala de aula.
- Conseguem terminar o trabalho sem a necessidade de serem vigiadas.
- Menos apressadas, revisam os trabalhos antes de entregar.
- Produzem um trabalho escrito mais organizado, mas consistente e bem feito.
- Demonstram melhorias de comportamento no pátio durante o recreio.
- Um melhor relacionamento com outras crianças, com mais harmonia social; têm mais amigos.
- As notam melhoraram; aumento da confiança.

As crianças, adolescentes e, até mesmo, os adultos portadores do TDA/H vivem suas vidas com a mente em constante transtorno e confusão. Quando a medicação é eficaz, eles ficam com o pensamento mais claro e mais concentrado. Os homens usam drogas para fugir do mundo, não para ficar totalmente concentrados na realidade.

Quando experimentar estimulantes

Há anos vem se utilizando a tática de começar com um programa comportamental e, depois de algum tempo, considerar a medicação. Essa tática utiliza os estimulantes como um último recurso, a ser considerado quando todos os outros processos fracassarem. A recomendação atual discorda disso: nós nos concentramos agora na criança sob medicação e, uma vez que obtivermos uma resposta receptiva, são introduzidos outros tratamentos. Hoje em dia, a maioria das crianças portadoras do TDA/H começará a utilizar os estimulantes na primeira consulta.

> Se você conseguir (com estimulantes), então será capaz de ensinar (com programas de comportamento, terapia e escolaridade).

Um grande centro de pesquisa norte-americano concluiu recentemente um estudo comparando a validade de diferentes tratamentos do TDA/H. Seis grandes centros universitários ao redor do país compararam os efeitos da terapia comportamental escolar/familiar intensiva com medicamentos que foram ministrados sozinhos ou em conjunto com a terapia intensiva; um quarto grupo recebeu "cuidados comunitários", basicamente a utilização de medicamentos sem supervisão e intervenção de um especialista.

Esse importante estudo, que teve uma duração de 14 meses e envolveu 579 crianças, concluiu que os tratamentos que não utilizam inicialmente medicamentos são relativamente mal sucedidos.

Com que idade podemos começar o tratamento?

Apesar de a maioria das crianças tratadas com estimulantes estar em idade escolar, não há motivos para que a medicação não seja utilizada em crianças com três a cinco anos de idade, assim como em adolescentes e adultos. Pensamos muito antes de receitar para crianças com quatro anos, mas observamos um grande sucesso. As crianças com três a quatro anos de idade são tratadas somente

Filhos inquietos

quando o problema estiver causando grandes dificuldades; entre dois anos e meio e três anos, um número muito pequeno de crianças com problemas extremos pode ser cuidadosamente considerado para medicação.

Se os estimulantes forem introduzidos e forem ineficazes em crianças com menos de cinco anos de idade, serão reintroduzidos posteriormente, podendo ter, então, uma resposta positiva. Na metade dos anos 1980, os medicamentos foram retirados das crianças no ensino médio quando estavam no início da adolescência, o que resultou em um fracasso desnecessário. Hoje, muitas crianças portadoras do TDA/H continuarão a tomar os medicamentos em seus anos escolares e nos estudos superiores, e, alguns, até a fase adulta.

Catorze
Prescrição prática

Filhos inquietos

Antes de considerar a utilização de estimulantes no tratamento de crianças portadoras do TDA/H, vamos deixar bem claro que os pais, assim como os médicos, decidem se querem experimentar a medicação e quando deverá ser interrompida ou continuada. Essas drogas serão dadas enquanto os pais observarem grandes benefícios e nenhum efeito colateral. Quando surgem dúvidas com relação à eficácia, ou uma preocupação com os efeitos colaterais, os pais deverão interromper a utilização das drogas e conversar com o médico que as receitou.

> O segredo de uma prescrição de sucesso é começar com uma baixa dose e moldá-la ao indivíduo.

Não há nenhum teste específico que mostre em que ponto os estimulantes devem ser prescritos. Tudo depende da gravidade do TDA/H, do comportamento predominante, do grau de dificuldade de aprendizado e como os pais e a escola administram o caso. Quando a educação, o relacionamento familiar, a felicidade e a autoestima estiverem sofrendo, é hora de criar coragem e iniciar a medicação.

COMEÇAR BEM E CONTINUAR BEM

Introduzir gradualmente a medicação e adequá-la com o tempo dará resultado. Se o tratamento for bem iniciado, continuará com bons resultados.

Se tudo isso fracassar, iremos para a segunda classe de medicamentos: uso de um não estimulante, tal como a atomoxetina.

Os estimulantes são extraordinariamente livres de efeitos colaterais e quaisquer problemas aparecerão no início do tratamento ou quando as doses forem aumentadas. As crianças raramente criam intolerâncias a essas drogas. Se a dose estiver correta no início, a mesma dose continuará a ser ministrada por vários anos.

PERSONALIZANDO OS ESTIMULANTES

Quando o metilfenidato e a dexanfetamina forem eficazes, os benefícios são quase imediatos, mas duram pouco tempo. Há uma grande variação de criança a criança, sendo que algumas metabolizam rapidamente a droga e outras mostram uma resposta terapêutica por períodos mais longos: por isso é necessário individualizar o tratamento. É extremamente importante que as pessoas que monitoram o tratamento estejam cientes desse curto período de ação. Se um comprimido for tomado às 8 horas e o comportamento estiver desastroso no início da tarde, não significa uma falha na resposta: a criança não estava com a medicação ativa na hora do comportamento inadequado. Esse problema é facilmente superado, ministrando uma segunda dose aproximadamente meia hora antes que o primeiro comprimido comece a perder efeito.

Pesquisas mostram que os estimulantes começam a perder o efeito quando ainda houver cerca de metade do princípio ativo do medicamento no organismo. Por esse motivo, a segunda dose poderá ser menor que a primeira, por se incorporar à metade residual que permanece. A maioria das crianças sob nossos cuidados necessitam de doses maiores no início do dia, que diminuem com o seu decorrer.

Escolher o número certo de administrações *depende do que estamos tentando tratar*. Por exemplo, um comportamento difícil que está presente o dia todo, concentração no trabalho escolar de 9 horas às 15 horas, comportamento no horário do almoço ou problemas com o trabalho escolar. Apesar de algumas crianças se darem bem com duas doses diárias, grande parte é mantida com três: uma ministrada no café da manhã, ao meio-dia e por volta das 16 horas. Algumas de nossas crianças mais jovens necessitam de quatro a cinco doses menores ministradas com intervalos que variam entre duas horas e meia a três horas.

> A medicação sob medida exige que os pais e professores sejam ouvidos.

Filhos inquietos

Assim como os benefícios da medicação são quase imediatos, a maioria dos pais sabe quando a medicação está começando a perder o efeito, o que torna fácil especificar uma posologia que permita uma melhor cobertura diária.

A importância dessa perda de efeito não pode ter uma ênfase exagerada. Observamos frequentemente crianças para as quais os medicamentos pareciam ter perdido efeito, quando, na verdade, estavam funcionando maravilhosamente bem, mas havia surtos comportamentais nos intervalos entre as doses; isso não é falha, é um problema de ajuste da dose.

QUANDO OS ESTIMULANTES NÃO FUNCIONAM

Quase 90% das pessoas com um maior grau do TDA/H respondem bem aos medicamentos estimulantes.

Pode ser que, ocasionalmente, uma criança pare de responder à medicação sem nenhuma causa aparente. Quando há essa suspeita, suspendemos a medicação e observamos o que acontece. Geralmente os benefícios continuam, mas os pais esquecem como a criança antes. Se a dose tiver sido reajustada e os benefícios tiverem claramente diminuído, experimentamos, então, outra preparação estimulante.

Uma das causas mais comuns do fracasso é a má compreensão daquilo que estamos tentando tratar. Os estimulantes ajudam a tratar as deficiências na atenção e no comportamento encontradas no TDA/H puro. Os estimulantes não têm nenhum efeito nas atitudes hostis do transtorno desafiador opositivo ou do transtorno de conduta. Os estimulantes ajudam a criança disléxica a se concentrar e a trabalhar melhor, mas não curam problemas de leitura. Quando não há êxito nessas condições comórbidas, há frustração da expectativa e, não, da medicação.

É NECESSÁRIA UMA INTERRUPÇÃO MOMENTÂNEA DOS MEDICAMENTOS?

Se o comportamento estiver causando grandes problemas, nunca interrompemos os estimulantes em casa. Acreditava-se, no início dos anos 1980, que a medicação de longo prazo poderia retardar o crescimento físico da criança; isso não é mais uma preocupação. Não há evidências que uma medicação monitorada adequadamente causará qualquer dano à criança. É certo, no entanto, que a criança portadora de uma TDA/H não tratado poderá causar, em longo prazo, um imenso dano ao relacionamento familiar e à sua própria felicidade.

Os pais sempre nos perguntam quanto tempo será necessário para a utilização dos medicamentos, e a resposta é simples: enquanto os pais e professores notarem benefícios significativos. Pedimos aos pais com quem lidamos para continuarem a monitorar os benefícios resultantes da utilização dos estimulantes. Muitos estão cientes da queda de efeito após quatro horas e sabem quando esquecem de ministrar a dose. Se a criança voltar às velhas maneiras, isso mostra a necessidade de continuar com o medicamento. Lembre-se das primeiras palavras deste capítulo: vocês, os pais, estão no controle da situação: *vocês, juntamente com conselhos que vêm da escola, nos dizem se a medicação deverá ou não ser continuada. A decisão é de vocês.*

Quinze

Encorajando a autoestima

O TDA/H é um verdadeiro triturador de confianças. Se a criança tem problemas na escola, ela é socialmente inepta e está em apuros todo o tempo. Não é de se admirar que a autoestima vá para o fundo do poço. Naturalmente algumas crianças portadoras do TDA/H são tão difíceis de ser machucadas que saltam e pulam com uma elasticidade espantosa. E também existem aqueles que são estrelas nos esportes, o que ajuda a manter a confiança. Infelizmente, para a maioria, são estradas difíceis de caminhar, mas que podem se tornar mais fáceis se encorajarmos, em vez de subjugarmos a confiança.

CONVERTENDO EM CONFIANÇA

Para que as crianças sintam-se bem consigo mesmas, elas devem ver que suas palavras são valorizadas, seus talentos apreciados e elas mesmas são respeitadas e confiáveis. Ao mesmo tempo, aqueles que se importam com elas precisam elevar a autoestima e, sobretudo, o foco deverá sair do fracasso para saborear o êxito em algumas coisas.

Palavras maravilhosas

Reserve um tempo para conversar com a criança portadora do TDA/H. Reconheça o que a criança diz, mantenha um contato visual durante toda a conversa e não a interrompa. Demonstre que está interessado e que se importa com o que ela está dizendo.

Muito bem!

Reserve um tempo para observar o que a criança está fazendo, incentive seus esforços e dê ajuda quando for necessária. Quando as coisas não estiverem indo bem, oriente, mas *não* critique.

> Seja específico em seus incentivos: "A escrita está bem melhor"; "Este é o parágrafo mais bonito."

Filhos inquietos

> Se você tratasse seus filhos da maneira que gostaria de ser tratado, você não erraria tanto.

Respeito e confiança

As coisas podem não dar certo e o trabalho desvalorizado, mas, pelo menos, a criança está tentando. Incentive-a a fazer o máximo que conseguir sem colocar ninguém em muito perigo. Sem responsabilidade e sem nossa confiança, a criança sente-se inadequada e sem independência.

> Crianças confiantes são aquelas que saboreiam o sucesso em alguma coisa, e cabe a nós descobrir o que é essa coisa.

Saboreando o sucesso

Uma vida que é só fracasso e sem diversão torna-se bem deprimente. Como pais, devemos ver além dos problemas escolares, procurando passatempos, coisas de interesse e atividades externas que nossos filhos apreciam. Devemos tirar a atenção do que nossos filhos não conseguem fazer e concentrá-la naquilo que eles *conseguem* fazer.

Encontrando a atividade certa

No final do dia de aula, a criança portadora do TDA/H ativa chega à rua como um prisioneiro fugitivo. Ela quer espaço, liberdade, exercícios e divertimento. É imperativo que essas crianças estressadas pela escola tenham interesses no mundo externo. Depende dos pais encontrar a atividade que mais se adapta à criança.

Muitas crianças portadoras do TDA/H não ficam confortáveis em situações sociais; ficam envergonhadas, não sabem o que dizer e sentem-se deslocadas. Como estamos planejando interesses externos, é importante encontrar aqueles que garantam o máximo de aproveitamento e uma mínima pressão social.

O segredo é procurar atividades que ofereçam espaço e deixem a criança completamente responsável por sua própria comunicação.

As que achamos mais interessantes são caminhadas no mato, andar de bicicleta e natação.

Cada criança portadora do TDA/H possui algum talento, esperando apenas para ser descoberto. Os pais precisam ficar o tempo todo de olhos abertos para novas atividades e interesses. Devemos ser pacientes, pois as crianças portadoras do TDA/H variam de um imenso entusiasmo a um total desligamento, em questão de segundos.

Experimente: natação, futebol e outros esportes em equipe, como ciclismo, pescaria, judô, Taekwondo, escotismo e outros grupos, atletismo, culinária, teatro, jogos de computador.

Mas não desista, continue a procurar novos talentos para incentivar, o que trará prazer e elevará a autoestima da criança.

Os pais devem incentivar essas atividades, mas não devem incluir muitas lições. É maravilhoso quando uma criança portadora do TDA/H se destaca em um estilo perfeito, mas é mais importante aproveitar do que se sobressair.

Dezeseis

Adultos portadores do TDA/H

Adultos portadores do TDA/H foram observados pela primeira vez quando os pediatras começaram a reconhecer que alguns dos pais de seus pacientes apresentavam os mesmos sintomas que seus filhos. A ideia dessa condição em adultos levou algum tempo para ganhar aceitação, mas recebeu o selo de aprovação quando, em 1993, o principal grupo de apoio norte-americano de pais alterou seu nome para "Crianças e Adultos Portadores de Transtorno do Déficit da atenção".

OS SINAIS TÍPICOS

- Incapacidade de concentração
- Falta de organização
- Esquecimento e memória fraca
- Autodisciplina deficiente
- Incapacidade de estabelecer e manter uma rotina
- Confusão, dificuldade em pensar claramente
- Incapacidade de desempenhar um nível intelectual em estudos
- Desempenho profissional abaixo do nível de competência
- Dificuldade em encontrar e manter empregos
- Depressão, baixa autoestima

Acredita se que pelo menos metade de nossas crianças levará algumas de suas características para a vida adulta. Os psiquiatras de adultos na América do Norte e um pouco menos na Austrália, Nova Zelândia e no Reino Unido aceitam agora esse fato como uma condição real e estão preparados para considerar as medicações para esse tratamento.

Filhos inquietos

DEVEMOS FALAR CLARO?

É raramente aconselhável contar para seus colegas de trabalho que você possui uma "desordem". Há, no entanto, uma grande vantagem em ser bem franco sobre seus pontos fracos individuais, por exemplo: "Eu tenho uma memória muito fraca, preciso anotar tudo", "Vamos nos acalmar, estou de cabeça quente", "Estou bem ocupado, preciso queimar calorias", "Eu nunca consegui escrever direito." Abordando desse jeito, você passa a ser como todo mundo, dispersando, assim, suas fraquezas e suas forças.

Apesar do interesse atual sobre o TDA/H, observamos muitos pais que não estão cientes que essas condições eram os problemas que eles próprios enfrentaram na infância. Um dos momentos mais tristes de nosso trabalho é o de encontrar adultos inteligentes e talentosos que ainda acreditam que são inferiores, inadequados e tolos. É um crime que essa agressão desnecessária que atingiu suas estimas tenha sido permitida ao longo de suas vidas. Não podemos mudar o passado, mas podemos estar duplamente determinados que o mesmo não aconteça mais com as crianças da geração atual portadoras do TDA/H.

CONHEÇA OUTROS TÍTULOS SOBRE EDUCAÇÃO INFANTIL

O tempo que convivemos com nossas crianças é muito curto. A vida não é como um vídeo, em que você pode apertar o botão de retroceder e assistir a tudo de novo.

A partir de uma longa experiência como médico pediatra, Dr. Christopher Green vai fazer você curtir intensamente os primeiros anos de seus filhos. Objetivo, sincero e prático, o autor faz enorme sucesso com suas orientações sobre o dia-a-dia das crianças.

- Como equilibrar vida profissional e filhos

- Como estabelecer uma alimentação saudável

- Disciplina: tornando a vida mais mais prática

- Eliminando maus hábitos sem traumas

Domando sua ferinha fará você redescobrir o prazer de educar os filhos. Aproveite!

CONHEÇA OUTROS TÍTULOS SOBRE EDUCAÇÃO INFANTIL

Como educar seu filho que está na fase dos 5 aos 12 anos? Como passar conceitos de comportamento e de moral em fases tão distintas como a pré-escola e a pré adolescência? Como resolver problemas de brigas entre irmãos, saber qual a melhor disciplina depois de uma traquinagem e como agir quando os pais se separam? Com delicadeza, criatividade e conhecimento profundo, o pediatra Christopher Green, que fez um estrondoso sucesso com o livro Domando sua Ferinha - para crianças de 1 a 4 anos -, vai direto ao ponto e mostra o caminho para resolver esses dilemas que povoam a cabeça dos pais. Domando sua ferinha 2 é um sucesso editorial nos países da Europa e ásia onde já foi lançado. Um livro indispensável para formar adultos responsáveis bem-sucedidos e felizes.

Editora Fundamento